公路工程施工及成本管理研究

杨海燕　曲建涛　张德轶　著

延边大学出版社

图书在版编目（CIP）数据

公路工程施工及成本管理研究 / 杨海燕，曲建涛，张德轶著. -- 延吉：延边大学出版社，2022.8
　　ISBN 978-7-230-03530-9

Ⅰ. ①公… Ⅱ. ①杨… ②曲… ③张… Ⅲ. ①道路施工－施工管理②道路施工－成本管理 Ⅳ. ①U415.1

中国版本图书馆CIP数据核字(2022)第145439号

公路工程施工及成本管理研究

著　　者：杨海燕　曲建涛　张德轶	
责任编辑：董　强	
封面设计：正合文化	
出版发行：延边大学出版社	
社　　址：吉林省延吉市公园路977号	邮　　编：133002
网　　址：http://www.ydcbs.com	E-mail：ydcbs@ydcbs.com
电　　话：0433-2732435	传　　真：0433-2732434
印　　刷：北京宝莲鸿图科技有限公司	
开　　本：787×1092　1/16	
印　　张：11	
字　　数：200 千字	
版　　次：2022 年 8 月 第 1 版	
印　　次：2022 年 8 月 第 1 次印刷	
书　　号：ISBN 978-7-230-03530-9	

定价：68.00元

前　言

随着我国公路建设技术的日趋成熟，公路建设的质量也得到了较大提高，理论结合实践使我国公路施工技术取得了较大的成就。公路工程项目规模大、工期长，在施工建设中需要大量的人力、材料和设备，产生的费用也较多。因此，相关单位需要应用一定的费用核算手段和成本管理手段减少建设成本，提高资金利用效率，从而提升公路工程项目建设的总体效益。

本书针对公路工程施工及成本管理展开论述，全书共七章，第一章、第二章分别介绍了路基工程施工和路面工程施工；第三章介绍了交通设施施工；第四章、第五章分别介绍了桥梁工程施工和隧道工程施工；第六章论述了公路工程施工项目成本管理的相关内容，并以公路工程机械化施工成本管理为例进行了探究。

在撰写本书的过程中，笔者参考和借鉴了其他学者的相关资料，在此深表感谢。由于笔者时间仓促、水平有限，书中难免有不足之处，欢迎各位读者批评指正。

笔者

2022 年 5 月

目 录

第一章 路基工程施工 ... 1

    第一节 路基工程基本知识 ... 1

    第二节 一般路基施工 ... 7

    第三节 特殊路基施工 ... 13

    第四节 路基防护与支挡工程 ... 31

第二章 路面工程施工 ... 42

    第一节 路面工程基本知识 ... 42

    第二节 路面基层施工 ... 54

    第三节 路面工程施工质量监督 ... 58

    第四节 路面工程质量通病 ... 60

第三章 交通设施施工 ... 68

    第一节 交通标志与标线施工 ... 68

    第二节 交通安全设施施工 ... 74

第四章 桥梁工程施工 ... 86

    第一节 桥梁施工的场地布置 ... 86

    第二节 桥梁基础施工 ... 93

    第三节 桥梁上部结构施工 ... 98

第五章 隧道工程施工 ... 106

    第一节 隧道 ... 106

第二节　隧道施工安全要求及超前地质预报技术 109

　　第三节　隧道施工安全控制要点 115

第六章　公路工程施工项目成本管理 135

　　第一节　公路工程施工项目成本的概念及分类 135

　　第二节　公路工程施工项目成本管理的基本原则与措施 138

　　第三节　公路工程施工项目成本管理的环节 141

　　第四节　公路工程施工项目成本管理实例——
　　　　　　公路工程机械化施工成本管理 157

参考文献 167

第一章 路基工程施工

第一节 路基工程基本知识

一、路基的概念与分类

（一）路基的概念

路基是路面的基础，是线形承重主体，承受着自身土体的重量和路面结构的重量，以及由路面传递下来的行车荷载，所以路基是公路的承重主体。公路路基属于带状结构，随着天然地面的高低起伏，标高不同。坚固的路基，不仅是路面强度与稳定性的重要保证，而且能为延长路面使用寿命创造有利条件，所以路基路面的综合设计至关重要。路基需根据路线设计，精心布置，确定标高，为路面结构提供具有足够宽度的平顺基面。

为了确保路基的强度与稳定性，使路基在外界因素的作用下，不致产生不允许的变形，在路基的整体结构中还包括各项附属设施，如路基排水，路基防护与加固，以及与路基工程直接相关的设施，如弃土堆、取土坑、护坡道、碎落台、堆料坪及错车道等。由于路基标高与原地面标高有差异，且各路段岩土性质的变化，各处附属设施的布置不尽相同，因此各路段的路基横断面形状差别很大。路基横断面形式的选定和各项附属设施的设计，也是路基设计的基本内容。

（二）路基的分类

一般路基通常指在正常的地质与水文等条件下，填方高度和挖方深度小于规范规定高度和深度的路基。通常认为，一般路基可以结合当地的地形、地质情况，直接选用典型断面图或设计规定，不必进行个别论证和验算。对于超过规范规定的高填、深挖路基，以及地质和水文等条件特殊的路基，为确保路基具有足够的强度与稳定性，需要进行个别设计和验算。

通常根据公路路线设计确定的路基标高与天然地面标高是不同的，路基设计标高低于天然地面标高时，需进行挖掘；路基设计标高高于天然地面标高时，需进行填筑。根据填挖情况的不同，路基可分为路堤、路堑和填挖结合路基三种类型。路堤是指全部用岩、土（或其他填料）填筑而成的路基；路堑是指全部开挖形成的路基；当天然地面横坡比较大，一侧开挖，另一侧填筑时，称为填挖结合路基，也称半堤半堑路基。具体如图1-1所示。

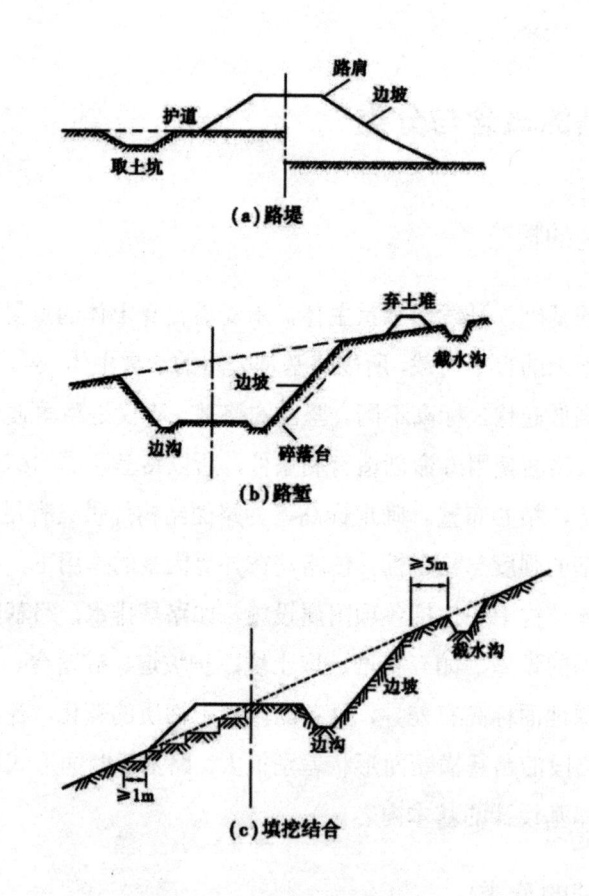

图 1-1 路基分类示意图

1. 路堤

路堤又称填方路基，即路基设计高程大于原地面高程的路基。根据填方路基的高度不同，又可分为矮路堤（1～1.5 m）、一般路堤（1.5～18 m）和高路堤（18～20 m）。矮路堤常在平坦地区取土困难时选用。平坦地区地势低，水文条件较差，易受地面水和地

2

下水的影响，设计时应注意满足最小填土高度的要求，力求不低于规定的临界高度，使路基处于干燥或中湿状态。路基两侧均应设边沟。矮路堤的高度通常接近或小于路基工作区的深度，除填方路堤本身要求满足规定的施工要求外，天然地面也应按规定进行压实，达到规定的压实度，必要时进行换土或加固处理，以保证路基路面的强度和稳定性。

高路堤的填方数量大，占地多，为使路基稳定和横断面经济合理，需进行个别设计，高路堤和浸水路堤的边坡可采用上陡下缓的折线形式，或台阶形式，如在边坡中部设置护坡道。为防止水流的侵蚀和冲刷，高路堤和浸水路堤的边坡，须采取适当的坡面防护和加固措施，如铺草皮、砌石等。

2. 路堑

路堑常见的几种横断面形式有全挖路基、台口式路基及半山洞路基。

坡可视高度和岩土层情况设置成直线形式或折线形式。挖方边坡的坡脚处设置边沟，以汇集和排除路基范围内的地表径流。路堑的上方应设置截水沟，以拦截和排除流向路基的地表径流。

挖方弃土可堆放在路堑的下方。边坡坡面易风化时，在坡脚处设置 0.5~1m 的碎落台，坡面可采用防护措施。

陡峻山坡上的半路堑，路中线宜向内侧移动，尽量采用台口式路基，避免路基外侧的少量填方。遇有整体性的坚硬岩层，为节省石方工程，可采用半山洞路基。

挖方路基处土层地下水文状况不良时，可能导致路面遭到破坏，所以对路堑以下的天然地基，要人工压实至规定的程度，必要时还应翻挖，重新分层填筑、换土或进行加固处理，采取加铺隔离层，设置必要的排水设施。

3. 填挖结合路基

填挖结合路基的几种常见横断面形式有一般填挖路基、矮挡土墙路基、护肩路基、砌石护坡路基、砌石护墙路基、挡土墙支撑路基、半山桥路基。位于山坡上的路基，通常要保证路中心的标高接近原地面的标高，以便减少土石方数量，保持土石方数量横向平衡，形成填挖结合路基。若处理得当，路基稳定可靠，是比较经济的断面形式。

填挖结合路基兼有路堤和路堑的特点，上述对路堤和路堑的要求均应满足。填方部分的局部路段，如遇原地面的短缺口，可采用砌石护肩。如果填方量较大，也可就近利用废石方，砌筑护坡或护墙，石砌护坡和护墙相当于简易式挡土墙，承受一定的侧向压力。有时填方部分需要设置路肩（或路堤）式挡土墙，确保路基稳定，进一步压缩用地宽度。如果填方部分悬空，而纵向又有适当的基岩时，则可以沿路基纵向建

3

成半山桥路基。

上述三类典型路基横断面形式，各具特点，分别在一定的条件下使用。由于地形、地质、水文等自然条件的差异很大，且路基位置、横断面尺寸及要求等，亦应服从于路线、路面及沿线结构物的要求，所以路基横断面类型的选择，必需因地制宜，综合设计。

二、路基施工的主要特点和基本要求

（一）路基施工的主要特点

一是不同路段的工程量差别大。一般平原微丘区的二级公路，每千米土石方数量在 10 000～22 000 m^3，山岭重丘区的工程量更大。

二是材质差别大。不论是填方路段还是挖方路段，路基工程都是宜土则土、宜石则石。土质路基本身也有不同的土质类型，如粉性土、砂性土、黏性土、黄土，还有需加固处理的软土等。石质路基材质有可能是石灰岩、火山岩等，不论其风化程度如何，只要其强度满足要求，都可以用作路基填料。在同一道路的同一路段上，出现多种材质混合的路基的可能性比较大。

三是施工方法因地制宜。由于地形、地质、水文、气象、现有交通条件等诸多方面的制约，施工时，宜挖则挖、宜爆则爆，施工方法多种多样，因地制宜。路基工程和桥梁、涵洞、防护、路面等工程在施工过程中相互干扰、相互影响，施工单位应妥善安排各个项目的进度。此外，应注意环境和生态保护，防止取土、弃土和排水沟、边沟等影响农田水利系统。

（二）路基工程施工的基本要求

路基工程施工应满足设计和使用要求，并把试验检测作为主要的监控手段来指导路基工程施工。路基施工宜移挖作填，即将在路堑段挖出的土石用作路堤填筑段的填料，减少占用土地和对自然景观的破坏，保持与地形、地貌的协调统一。路基施工应严格按照规范要求来组织，特殊地区的路基施工应采取相应的技术措施。挖石方路基时，不宜采取大爆破的方法；必须使用该方法时，需请有相应设计施工资质的单位，做出专门的设计，在反复论证后，按大爆破的有关规定组织和实施。

三、路基填料

路基填筑工程量巨大，路基填料的选择一般采取因地制宜的原则，即宜土则土，宜石则石。凡是具有规定强度且能被压实到规定密实度和能形成稳定路基的材料均为适用的填料。也就是说，不论是细粒土、粗粒土还是爆破之后的岩石或工业废渣，只要符合一定的技术要求，均可以用作路基填料。除此之外，在路基填料的选择上还要注意以下几点。

应优先考虑使用级配较好的砾类土、砂类土等粗集料做填料，填料的最大粒径应小于 150 mm。

泥炭、淤泥、冻土、强膨胀土、有机土及易溶盐超过允许含量的土，不得直接用于填筑路基。液限大于 50%，塑性指数大于 26 的土以及含水量超过规定的土，也不得直接用于填筑路基。确需使用上述土或黄土填筑路基时，必须采取一定的改善措施，使其满足相关要求，并取得监理工程师批准。

钢渣、粉煤灰等可用作路基填料，在使用其他工业废渣前应进行有害物质的检测，以免对土地和水源造成污染。

浸水路基应选用渗水性良好的材料填筑，如中等颗粒的砂砾、级配碎石等，不应直接采用粉质土进行填筑。如必须采用细砂、粉砂等易液化的材料做填料时，应考虑采取防止振动液化的技术措施。

桥梁台背应优先选用渗水性较好的填料，在缺乏渗水性较好材料的地区，可以使用石灰、水泥、粉煤灰等单独或综合处置的细粒土。

填石路基的石块最大粒径应小于每层填筑厚度的 2/3，路床顶面 50 cm 厚度内不得使用石块填筑。

四、路基施工期间的防水与排水

在路基施工期间，为防止工程或附近农田、建筑物及其他设施受冲刷，应修建临时排水设施，以保持施工场地处于良好的排水状态。

临时排水设施应与永久性排水设施相结合。施工场地流水不得排入农田或污染自然水源，也不应引起淤积、阻塞等现象。

施工时，不论挖方或填方，均应做到各施工层表面不积水。因此，各施工层应随时保持一定的泄水横坡或纵向排水通道。挖方路基顶面或填方路基底层含水量过高时，应采取措施降低其含水量。

临时排水设施及排水方案应报请监理工程师检查验收。

五、路基基本施工方法

路基基本施工方法大致可分为以下几种。

人工施工，即采用小推车推、扁担挑、铁锹挖等的人工填筑、人工夯实的施工方法。人工施工工效低、进度慢，古代和近代的道路基本使用这种方法施工。目前的道路施工中，特别小的项目和施工机械无法进入的区域，如庭院人行小路、块石路面，也主要采取人工施工方法。

简易机械化施工。这是一种以人工为主、简易机械为辅的施工方法。20世纪80年代以前，由于缺乏机械，我国道路施工和河道清淤等项目多采取这种施工方法。

机械法施工，即使用配套机械（个别工序辅以人工）相互协调，共同完成主要工序的综合机械化施工方法，目前高等级公路的施工都采用这种方法。

爆破法施工，主要适用于石质路堑和隧道施工。

水力机械法施工，即使用水泵、水枪等水力机械喷射强力水流，冲散土层并使土流至指定地点沉积下来的方法。这种方法对电力和水源要求高，且土沉积时间长，难以控制工程质量，目前在公路施工中很少使用。

六、路基填方试验路段

对于一级以上公路，或使用新材料、新技术、新工艺、新设备的施工路段，施工单位在正式施工之前，应首先进行一定长度的试验路段，试验路段的施工方法与正式施工相同。进行试验路段的目的是：确定填方施工的松铺厚度，验证最佳含水量范围，确定碾压组合形式，确定最佳的机械配套和施工组织。路段试验应对所有的试验环节做好记录，包括：压实设备的类型，碾压组合方式，碾压速度和碾压遍数，含水量的高低及均匀程度，有无出现翻浆及处理办法，填料的松铺厚度及压实厚度，最后实测的压实度等。试验结果作为以后该种填筑材料施工控制的重要依据。

第二节 一般路基施工

路基施工分为一般路基施工和特殊路基施工两大类。其中一般路基施工包括路堤施工、路堑施工和填挖结合的路基施工。本节只介绍一般路基施工中的路堤施工。

一、土质路堤施工

（一）施工取土

路基填方取土，应根据设计要求，结合路基排水和当地土地规划、环境保护要求进行，不得任意挖取。

施工取土应不占或少占良田，尽量利用荒坡、荒地，取土深度应结合地下水等因素进行考虑，同时还要利于复耕。原地面耕植土应先集中存放，以便再次利用。

自行选定取土方案时，应符合下列技术要求。

①地面横向坡度陡于1∶10时，取土坑应设在路堤上侧。
②桥头两侧不宜设置取土坑。
③取土坑与路基之间的距离，应满足路基边坡稳定的要求。取土坑与路基坡脚之间的护坡道应平整密实，表面设1%~2%向外倾斜的横坡。
④取土坑兼作排水沟时，其底面宜高出附近水域的常水位，或与永久排水系统及桥涵出水口的标高相适应，纵坡不宜小于0.2%，平坦地段不宜小于0.1%。
⑤线外取土坑等与排水沟、鱼塘、水库等蓄水（排洪）设施连接时，应采取防冲刷、防污染的措施。
⑥对取土造成的裸露面，应采取整治或防护措施。

（二）施工方法

路堤填筑是把填料用一定方式运送上堤进行铺平、碾压密实的过程。路堤填筑分为分层填筑法、竖向填筑法和混合填筑法三种方法。

1.分层填筑法

路堤填筑根据不同的土质，从原地面逐层填起并分层压实，每层填土的厚度随压实方法和压实机具而定。分层填筑法又可分为水平分层填筑和纵向分层填筑两种。

（1）水平分层填筑

填筑时按照横断面全宽分成水平层次，逐层向上填筑，如原地面不平，应由最低处分层填起，每填一层，经过压实符合规定之后，再填上一层，依此循环进行直至达到设计高度。

（2）纵向分层填筑

此方法适用于用推土机从路堑取土填筑距离较短的路堤，依纵坡方向分层，逐层向上填筑。

2.竖向填筑法

该法是指从路基一端或两端同时按横断面的全部高度，逐步推进填筑。此方法适用于无法自下而上填筑的深谷、陡坡、断岩、泥沼等机械无法进场的路堤。

竖向填筑因填土过厚不易压实，施工时要选用沉陷量较小、透水性较好及颗粒粒径均匀的砂石材料或附近开挖路堑产生的废石方，并一次填足路堤全宽度；选用振动式或夯击式压实机械；暂时不修建较高级的路面，容许短期内自然沉落。

3.混合填筑法

该法是指在路堤下层竖向填筑，上层水平分层填筑，使上部填土经分层压实获得需要的压实度。此方法适应于因地形限制或填筑堤身较高，不宜采用水平分层法和竖向填筑法自始至终进行填筑的情况。在深谷陡坡地段填筑路堤，尽量采用混合填筑法。

（三）施工要点

1.地基表层处理应符合的规定

二级及二级以上公路路堤基底的压实度应不小于90%；三、四级公路应不小于85%。路基填土高度小于路面和路床总厚度时，基底应按设计要求处理。

当原地面有坑、洞、穴等时，应先清除里面的沉积物，再用合格填料分层回填、分层压实。

有泉眼或露头地下水时，应按设计要求，采取有效导排措施后方可填筑路堤。地下水位较高时，应按设计要求进行处理。

地基为耕地、松散土、水稻田、湖塘、软土、高液限土等时，应按设计要求进行处理，局部柔软的部分也应采取有效的处理措施。陡坡地段、土石混合地基、填挖界面、高填方地基等都应按设计要求进行处理。

2.路堤填筑应符合的规定

在施工中，对性质不同的填料，应水平分层、分段填筑、分层压实。同一水平层路基的全宽应采用同一种填料，不得混合填筑。每种填料的填筑层压实后的连续厚度不宜小于500 mm。填筑路床顶最后一层时，压实后的厚度应不小于100 mm。

潮湿或冻融敏感性小的填料应填筑在路基上层，强度较小的填料应填筑在路基下层。在有地下水的路段或临水路基范围内，应填筑透水性好的填料。

在透水性不好的压实层上填筑透水性较好的填料前，应在其表面设2%~4%的双向横坡，并采取相应的防水措施。不得在由透水性较好的填料所填筑的路堤边坡上覆盖透水性不好的填料。每种填料的松铺厚度应通过试验确定。

每一填筑层压实后的宽度不得小于设计宽度。路堤填筑时，应从最低处起分层填筑，逐层压实；当原地面纵坡大于12%或横坡陡于1∶5时，应按设计要求挖台阶，或设置坡度向内并大于4%、宽度大于2 m的台阶。

填方分几个作业段施工时，接头部位如不能交替填筑，则先填路段，按1∶1坡度分层留台阶。如能交替填筑，则应分层相互交替搭接，搭接长度不小于2 m。

3.选择施工机械时应考虑的因素

选择施工机械时，应考虑工程特点、土石种类及数量、地形、填挖高度、运距、气候条件、工期等因素。填方压实应配备专用碾压机具。

4.压实度检测应符合的规定

用灌砂法、灌水（水袋）法检测压实度时，取土样的底面位置为每一压实层底部；用环刀法检测压实度时，环刀中部处于压实层厚的1/2深度；用核子仪检测压实度时，应根据其类型，按说明书的要求进行检测。

施工过程中，应检验每一压实层的压实度，检测频率为每1 000 m² 至少检验2点，不足1 000 m² 时检验2点，必要时可根据需要增加检验点。

二、填石路堤施工

（一）填料要求

路堤填料粒径应不大于 500 mm，并不宜超过压实层厚的 2/3，不均匀系数宜为 15～20。路床底面以下 400 mm 范围内，填料粒径应小于 150 mm；路床填料粒径应小于 100 mm。膨胀岩石、易溶性岩石不宜直接用于路堤填筑，强风化石料、崩解性岩石和盐化岩石不得直接用于路堤填筑。

（二）填筑方法

填石路堤的填筑施工方式有倾填（含抛填）和逐层填筑、分层压实两种。倾填又可分为石块从岩面爆破后直接散落在准备填筑的路堤内、用推土机将爆破后堆置在半路堑上的石块以及用自卸汽车从远处运来的爆破石块推入路堤两种情况。高速公路、一级公路和铺设高级路面的其他等级公路的填石路堤不宜采用倾填式施工，而应采用分层填筑、分层压实的方法。二级及二级以下且铺设低级路面的公路在陡峻山坡段施工特别困难或大量爆破以挖作填时，可采用倾填方式将石料填筑于路堤下部，但在路床底面下不小于 1 m 范围内的路堤仍应采取分层填筑、分层压实的施工方法。

分层填筑方式，又可分为机械作业和人工作业两种方法。机械施工分层填筑时，高速公路及一级公路分层松铺厚度一般为 50 cm，其他公路为 100 cm。施工中应安排好石料运行路线，专人指挥，按水平分层，先低后高、先两侧后中央的要求卸料。由于每层填筑厚度较大，故摊铺平整工作必须采用大型推土机进行，个别不平处应配合人工用细石块、石屑找平。当石块级配较差、粒径较大、填层较厚，石块间的空隙较大时，可于每层表面的空隙里扫入石渣、石屑、中砂、粗砂，再用压力水将砂冲入下部，反复数次，使空隙填满。人工铺填粒径 25 cm 以上的石料时，应先铺填大块石料，大面向下，小面向上，摆平放稳，再用小石块找平，石屑塞填，最后压实；铺填粒径 25 cm 以下的石料时，可直接分层摊铺，分层碾压。

（三）施工要点

基层处理时，其承载力应满足设计要求；在非岩石地基上填筑填石路堤前，应按设计要求设过渡层。

路堤施工前,应先修筑试验路段,确定能达到表 1-1 中的填石路堤上、下路堤压实质量标准,以及压实机械型号及组合、压实速度及压实遍数、沉降差等参数要求。

表 1-1 填石路堤上、下路堤压实质量标准

分区	路床顶面以下深度/m	硬质石料孔隙率/%	中硬石料孔隙率/%	软质石料孔隙率/%
上路堤	0.80~1.50	≤23	≤22	≤20
下路堤	>1.50	≤25	≤24	≤22

路床施工前,应先修筑试验路段,确定能达到最大压实干密度的松铺厚度、压实机械型号及组合、压实速度及压实遍数、沉降差等参数要求。

岩性相差较大的填料应分层或分段填筑,严禁将软质石料与硬质石料混合使用。

中硬、硬质石料填筑路堤时,应进行边坡码砌。码砌边坡的石料强度、尺寸以及码砌厚度应符合设计要求。边坡码砌与路基填筑宜基本同步进行。

压实机械宜选用自重不小于 18 t 的振动压路机。

在填石路堤顶面与细粒土填土层之间应按设计要求设过渡层。

（四）质量检验

填石路堤施工过程中的每一压实层,可用试验路段确定的工艺流程和工艺参数,控制压实过程;用试验路段确定的沉降差指标检测压实质量。

填石路堤填筑至设计标高并整修完成后,其施工质量应符合规定。

填石路堤成型后的外观质量标准:路堤表面无明显孔洞;大粒径石料不松动,铁锹挖动困难;边坡码砌紧贴、密实,无明显孔洞、松动,砌块间承接面向内倾斜,坡面平顺。

三、土石路堤施工

土石路堤是指石料含量占总质量 30%~70% 的土石混合材料填筑的路堤。

（一）填料要求

膨胀岩石、易溶性岩石等不宜直接用于路堤填筑，崩解性岩石和盐化岩石等不得直接用于路堤填筑。

天然土石混合填料中，中硬、硬质石料的最大粒径不得大于压实层厚的 2/3；石料为强风化石料或软质石料时，粒径不得大于压实层厚。

（二）填筑方法

土石路堤的填筑不得采用倾填方法，只能采用分层填筑、分层压实的方法。

当土石混合料中石料含量超过 70%时，宜采用人工铺填，即先铺填大块石料，且大面向下，放置平衡，再铺小块石料、石渣或石屑嵌缝找平，然后碾压。当土石混合料中石料含量小于 70%时，可用推土机铺填，每层铺填厚度应根据压实机械类型和规格确定，不宜超过 40 cm。用机械铺填时应注意避开硬质石块，特别是集中在一起的尺寸大的硬质石块。

（三）施工要点

①在陡、斜坡地段，土石路堤靠山一侧应按设计要求做好排水和防渗处理。

②压实机械宜选用自重不小于 18 t 的振动压路机。

③施工前应根据土石混合材料的类别分别进行试验路段施工，确定能达到最大压实干密度的松铺厚度、压实机械型号，以及组合、压实速度及压实遍数、沉降差等参数要求。

④碾压前应使大粒径石料均匀分散在填料中，石料间的孔隙应填充小粒径石料、土和石渣。

⑤压实后透水性差异大的土石混合材料，应分层或分段填筑，不宜纵向分幅填筑。如确需纵向分幅填筑，应将压实后渗水良好的土石混合材料填筑于路堤两侧。

⑥当土石混合材料来自不同料场，其岩性或土石比例相差较大时，宜分层或分段填筑。

⑦填料由土石混合材料变为其他填料时，土石混合材料最后一层的压实厚度应小于 300 mm，该层填料最大粒径宜小于 150 mm。压实后，该层表面应无孔洞。

⑧中硬、硬质石料的土石路堤，应进行边坡码砌；码砌边坡的石料强度、尺寸及码

砌厚度应符合设计要求。边坡码砌与路堤填筑宜基本同步进行。软质石料土石路堤的边坡按土质路堤边坡处理。

（四）质量检验

中硬、硬质石料土石路堤在施工过程中的每一压实层，可用试验路段确定的工艺流程和工艺参数，控制压实过程；用试验路段确定的沉降差指标，检测压实质量。软质石料填筑的土石路堤应符合地基表层处理的规定。

土石路堤的外观质量标准包括：路基表面无明显孔洞；大粒径填石无松动，铁锹挖动困难；中硬、硬质石料土石路基边坡码砌紧贴、密实，无明显孔洞、松动，砌块间承接面应向内倾斜，坡面平顺。

第三节 特殊路基施工

一、软土路基施工

淤泥、淤泥质土以及天然强度低、压缩性高、透水性不好的一般黏性土统称为软土。软土路基天然含水量大于等于35%或液限；天然孔隙比大于等于1；十字板抗剪强度小于35 kPa。

高速公路路基的软土系指标准贯击数小于4、无侧限抗压强度小于50 kPa、含水量大于50%的黏性土和标准贯击数小于10、含水量大于30%的砂性土。软土无论是按沉积成因还是按土质划分，它们都具有共同的性质。①颜色以深色为主，粒度成分以细颗粒为主，有机质含量高。②天然含水量高，容重小，天然含水量大于液限，超过30%；相对含水量大于1；软土的饱和度高达100%，甚至更高。③天然孔隙比大，一般大于1。④渗透系数小，一般小于10^{-6} cm/s 数量级，沉降速度慢，固结完成所需时间较长。⑤黏粒含量高，塑性指数大。⑥高压缩性，压缩系数大，基础沉降量大，一般压缩系数大于 0.5 MPa^{-1}。⑦强度指标小，软土的黏聚力小于 10 kPa，快剪内摩擦角小于 5°。

⑧软土的灵敏度高，灵敏度一般在 2~10，有时大于 10，具有显著的流变特性。

（一）软土路基处理方法

1.换填法

换填法是将原路基一定深度和范围内的淤泥挖除，换填符合规定要求的材料，使之达到规定压实度的一种方法。换填时，应选用水稳性或透水性好的材料，分层铺筑，逐层压实。

2.抛石挤淤法

抛石挤淤法是在路基底中部向两侧抛投一定数量的碎石，将淤泥挤出路基范围，以提高路基强度的一种方法。所用碎石是不易风化的大石块，尺寸一般不小于 0.15 m。抛石挤淤法施工简单、迅速、方便，适用于常年积水的洼地，排水困难、泥炭呈流动状态、厚度较薄、表层无硬壳、片石能沉达底部的泥沼或厚度为 3~4 m 的软土，特别软的地面上，或是表面存在大量积水无法排出时以及石料丰富、运距较短的情况。

3.排水固结法

排水固结法可进一步分为堆载预压法、真空预压法、降水预压法、电渗排水法，适用于处理厚度较大的饱和软土和冲填土路基，但对于较厚的泥炭层要慎重选择。

4.胶结法

（1）水泥搅拌法

水泥搅拌法的适用范围为淤泥、淤泥质土、含水量较高的地层、路基承载力不大于 120 kPa 的黏性土、粉土等软土路基。在有较厚泥炭土层的软土路基上，宜通过试验确定其适用性，并可适量添加磷石膏以提高搅拌桩桩身强度。当地下水中含有大量硫酸盐时，应选用抗硫酸盐硅酸盐水泥。冬期施工时，应注意温度。

（2）高压喷射注浆法

高压喷射注浆法的适用范围为淤泥、淤泥质土、黏性土、黄土、砂土、人工填土和碎石土等路基。尤其适用于软弱路基的加固。湿陷性黄土以及土中含有较多的大粒径块石、坚硬性黏性土、大量植物根茎或过多有机质时，应根据现场试验结果确定其适用程度。对地下水流速较大或已涌水的路基工程以及对水泥有严重侵蚀的路基工程应慎用该法。

（3）灌浆法

灌浆法适用于处理淤泥、淤泥质土、粉土和含水量较高，且路基承载力标准值不大于120 kPa的黏性土等路基。当用于处理泥炭土或地下水具有侵蚀性时，宜通过试验以确定其适用性。

（4）水泥土夯实桩法

水泥土夯实桩法适用于地下水位以上的素填土、淤泥质土和粉土等路基。

5.加筋土法

加筋土法的适用范围为人工填土、砂土的路堤、挡墙、桥台等。土工织物适用于砂土、黏性土和软土的加固，或被当作反滤、排水和隔离的材料；树根桩适用于各类土，主要用于既有建筑物的加固及稳定土坡、支挡结构物。对软弱黏土宜通过重复高压灌浆或采用多段扩体或端头扩体以提高锚固段锚固力。液限大于50%的黏性土、相对密度小于0.3的松散砂土以及有机质含量较高的土层，均不得作为永久性锚固地层。

6.振冲置换法

振冲置换法适用于不排水剪切强度不小于20 kPa的软黏土、饱和黄土及冲填土等路基。对不排水剪切强度小于20 kPa的地基应慎重选择。此法能使天然路基承载力提高20%～60%。

7.水泥粉煤灰碎石桩（CFG桩）法

CFG桩法适用于淤泥、淤泥质土、杂填土、饱和及非饱和的黏性土、粉土等路基，能使天然路基承载力提高70%以上。

8.钢渣桩法

钢渣桩法适用于淤泥、淤泥质土、饱和及非饱和的黏性土、粉土等路基。

9.石灰桩法

石灰桩法适用于渗透系数适中的软黏土、杂填土、膨胀土、红黏土、湿陷性黄土等路基，不适合地下水位以下的渗透系数较大的土层。当渗透系数较小时，软土脱水加固效果不好的土层慎用。

10.强夯置换法

强夯置换法适用于饱和软黏土等路基，一般适合于3～6 m的浅层处理。

11.砂桩法

砂桩法虽适用于软弱黏性土等路基，但应慎用。对不排水剪切强度小于15 kPa的软土路基应采用袋装砂井桩法。

12.夯坑基础法

夯坑基础法适用于软黏土、非饱和的黏性土、夯填土、湿陷性黄土等路基。

13.强夯法

强夯法适用于碎石、砂土、杂填土、素填土、湿陷性黄土及低饱和度的粉土和黏性土等路基。对于高饱和度的粉土和黏性土等路基，需经试验论证后方可使用该法，且应设置竖向排水通道。该法处理深度可达 10 多米，但强夯的震动可能会对周围环境造成不良影响，因此使用该法时要求考虑周围环境因素。

14.振冲法

振冲法是一种不添加砂、石材料的振冲挤密法，一般宜用于粒径大于 0.75 mm 的颗粒占土体 20%以上的砂土路基，而添加砂、石材料的振冲挤密法宜用于粒径小于 0.005 mm 的黏粒含量不超过 10%的粉土和砂土等路基。

15.挤密碎石桩法

挤密碎石桩法适用于松散的非饱和黏性土、杂填土、湿陷性黄土、疏松的砂性土等路基。对饱和软黏土路基应慎重使用。

（二）软土路基施工方法

1.抛石挤淤施工

应按设计要求或监理工程师的要求进行。

应选用不易风化的片石，片石厚度或直径不宜小于 300 mm。当软土地层平坦、软土呈流动状时，填土应沿路基中线向前呈三角形方式投放片石，再渐次向两侧全宽范围扩展，使泥沼或软土向两侧挤出。当软土地层横坡陡于 1∶10 时应自高侧向低侧抛投，并在低侧边部多抛填，使低侧边部约有 2 m 的平台。

片石抛出软土面或水面后，应用较小石块填塞垫平，用重型压路机压实。

2.垫层施工

垫层施工法通常用于松软、过湿的路基表面，采用排水、铺设填料或用掺加剂增加地表层强度等措施，防止路基局部剪切变形，从而保证重型机械通行，又使填土荷载均匀分布在路基上。

垫层材料宜采用无杂物的中粗砂，含泥量应不小于 5%；也可采用天然级配型砾料，其最大粒径应小于 50 mm，砾石强度应不低于四级。垫层应分层摊铺压实，碾压到规定的压实度。垫层宽度应宽出路基边脚 500～1 000 mm，两侧宜用片石护砌或采用其他方式防护。垫层采用砂砾料时，应避免粒料离析。在软、湿路基上铺以 0.3～0.5 m 厚度的排水层，有利于软、湿表层的固结，并形成填土的底层排水，在一定程度上能提高路基强度，使施工机械可以通行。碎石、岩渣垫层的一般厚度为0.4 m左右，并铺设单层或双层土工织物或土工网格，有利于均匀支承填土荷载，提高路基承载力，减少路基的沉降量。掺合料垫层是利用掺合料（石灰、水泥、土、加固剂）以一定剂量混合在填料土中，可改变地基的压缩性和强度特性，从而保证施工机械的通行，垫层大部分松散，应进行大部或全部防护。

3. 袋装砂井施工

袋装砂井施工流程为：施工设备的准备→沉入套管→袋装砂沉入→就地填砂入袋成井→预制砂袋沉放。

袋装砂浆的成孔方法可根据机械设备条件进行比较、选择：专用的施工设备一般为导管式的振动打设机械，只是在进行方式上有差异。成孔的施工方法有五种，即锤击沉入法、射水法、压入法、钻孔法及振动贯入法。

施工要点如下。①中、粗砂中粒径大于0.6 mm颗粒的含量宜占总质量的50%以上，含泥量应小于3%，渗透系数应大于5×10^{-2} mm/s。砂袋的渗透系数应不小于砂的渗透系数。②袋装砂井施工应符合以下规定：砂袋露天堆放时，应有遮盖，不得长时间暴晒；砂袋应垂直下井，不得扭结缩颈、断裂、磨损；拔钢套管时，如将砂袋带出或损坏，应在原孔位边缘重打；连续两次将砂袋带出时，应停止施工，查明原因并处理后方可施工；砂袋在孔口外的长度，应能顺直伸入砂垫层至少300 mm。③袋装砂井施工质量应符合表1-2的规定。

表1-2　袋装砂井施工质量标准

项次	检查项目	规定值或允许偏差	检查方法和频率
1	井距/mm	±150	抽查3%
2	井长	不小于设计值	查施工记录
3	井径/mm	+10	挖验3%
4	竖直度/%	1.5	查施工记录
5	灌砂率/%	-5	查施工记录

4. 塑料排水板施工

塑料排水板是由芯体和滤套组成的复合体，或是由单一材料制成的多孔管道板带（无滤套）。

芯板是由聚乙烯或聚丙烯加工而成的多孔管道或其他形式的板带，应具有足够的抗拉强度和垂直排水能力。其抗拉强度不应小于 130 N/cm；当周围土体压力在 15 m 深度范围内不大于 250 kPa 或超过 15 m 深度范围不大于 350 kPa 时，其排水能力应不低于 30 cm³/s。芯板应具有耐腐性和足够的柔性，以保证塑料排水板在地下的耐久性并在土体固结变形时不会被折断或破裂。滤套由无纺织物制成，应具有一定的隔离土颗粒和渗透功能，应等效于 0.025 mm 孔隙，其最小自由透水表面积宜为 1 500 cm²/m，渗透系数应不小于 $5×10^{-3}$ cm/s。

施工机械：主要机具是插板机，基本上可与袋装砂井打设机具共用，只是需将圆形套管换成矩形套管。对振动打设工艺、锤击振力大小，可根据每次打设根数、导管断面大小、入土长度和路基均匀程度确定。

塑料排水板加固软土地路基施工流程为：整平原地面→摊铺下层砂垫层→机具就位→塑料排水板穿靴→插入套管→拔出套管→割断塑料排水板→机具移位→摊铺上层砂垫层。

施工质量要求：①施工现场堆放的塑料排水板盘带应加以适当覆盖，以防暴露在空气中老化；②插入过程中导轨应垂直，钢套管不得弯曲，透水滤套不应被撕破和污染，排水板底部应有可靠的锚固措施，以免拔出套管时将芯板带出；③塑料排水板留出孔口长度应保证深入砂垫层不小于 50 cm，使其与砂垫层贯通，并将其保护好，以防机械、车辆进出时受损，影响排水效果；④塑料排水板搭接应采用滤套内平接的方法，芯板对扣，凹凸对齐，搭接长度不少于 20 cm，滤套包裹，用可靠措施固定；⑤施工中应防止泥土等杂物进入套管中，一旦发现须及时清除。

5.碎石柱（砂桩）施工

（1）材料要求

采用中、粗砂，粒径大于 0.6 mm 的颗粒含量宜占总重的 50% 以上，含泥量应小于 3%，渗透系数应大于 $5×10^{-2}$ mm/s。也可使用砂砾混合料，含泥量应小于 5%。若使用未风化碎石或砾石，其粒径宜为 19～63 mm，含泥量应小于 10%。

如果对砂桩质量要求较为严格或采用小直径管打大直径砂桩时，可以采用双管冲击法或单管振动重复压拔管法成桩。

（2）施工前应按规定要求进行成桩试验

详细记录冲孔、清孔、制桩时间和深度、水压、冲水量、压入碎石用量及工作电流的变化等。通过试桩确定水压、工作电流等变化的幅值和规律（主要指土层变化与水压、工作电流的相应变化），并验证设计参数和施工控制的有关参数，作为振冲碎石桩成桩的施工控制指标。

（3）填料方式

采用"先护壁，后制桩"的办法施工。成孔时，先达到软土层上部1～2 m范围内，将振冲器提出孔口加一批填料；下降振冲器使这批填料挤入孔壁，以加固这段孔壁以防塌孔；然后使振冲器下降至下一段软土中，用同样方法加料护壁。如此重复进行，直达设计深度。孔壁护好后，就可按常规步骤制桩了。

（4）桩的施工

桩的施工顺序一般采用由里向外、由一边推向另一边，或间隙跳打的方式。制桩操作步骤：先用振冲器成孔，后借循环水清孔，最后倒入填料，再用振冲器沉至填料进行振实成型。

（5）施工要点

①采用单管冲击法、一次打桩管成桩法或复打成桩法施工时，应使用饱和砂；采用双管冲击法、重复压拔管法施工时，可使用含水量为7%～9%的砂；在饱和土中施工时，可用天然湿砂。②地面下1～2 m土层应超量投砂，通过压挤提高表层砂的密实程度。③成桩过程应连续。④实际灌砂量未达到设计用量时，应进行处理。

6.加固土桩施工

（1）材料要求

①生石灰粒径应小于2.36 mm，无杂质，氧化镁和氧化钙总量应不小于85%，其中氧化钙含量应不小于80%。②粉煤灰中SO_2、Al_2O_3和Fe_2O_3的总含量应大于70%，烧失量应小于10%。③水泥宜用普通或矿渣水泥。

（2）成桩试验

加固土桩施工前必须进行成桩试验，桩数不宜少于5根，且满足以下要求：①应取得满足设计喷入量的各种技术参数，如钻进速度、提升中速度、搅拌速度、喷气压力、单位时间喷入量等；②应确定能保证胶结料与加固软土拌和均匀性的工艺；③掌握下钻和提升的阻力情况，选择合理的技术措施。

应根据固化剂喷入的形态（浆液或粉体），采用不同的施工机械组合。采用浆液固化剂时，制备好的浆液不得离析，不得停置时间过长。超过2小时的浆液应降低等级使用。浆液拌和均匀、不得有结块，供浆应连续。

采用粉体固化剂时，应符合以下规定：①严格控制喷粉标高和停粉标高，不得中断喷粉，确保桩体长度；严格控制粉喷时间、停粉时间和喷入量；应采取措施防止桩体上下喷粉不匀、下部剂量不足、上下部强度差异大等问题；应按设计要求的深度复搅。②当钻头提升到地面以下小于 500 mm 时，送灰器停止送灰，用同剂量的混合土回填。钻头直径的磨损量不得大于 10 mm。如喷粉量不足，应整桩复打，复打的喷粉量不小于设计用量。因故喷粉中断时，必须复打，复打重叠长度应大于 1 m。③施工设备必须配有自动记录的计量系统。

7.CFG 桩施工

（1）材料要求

①集料：应根据施工方法，选择合理的集料级配和最大粒径。②水泥：宜选用普通硅酸盐水泥。③粉煤灰：宜选用袋装Ⅱ、Ⅲ级粉煤灰。

（2）成桩试验

施工前应进行成桩试验，试桩数量宜为 5～7 根。CFG 桩试桩成功，经监理工程师验收合格后，方可开始施工。

（3）CFG 桩施工要求

①桩体施工应选择合理的施打顺序，一般应隔行隔桩跳打，相邻桩之间施工间隔时间应大于 7 d，避免对已成桩造成损害。②成桩过程中，应对已打桩的桩顶进行位移监测。③CFG 桩沉管时间宜短，拔管速度应控制在 1.2～1.5 m/min 范围内，不允许反插，以防止桩缩颈、断桩及桩身强度不均。④桩顶设 500 mm 保护桩长，CFG 桩施工完成 7 d 后，开挖至设计高程，截去保护桩长。CFG 桩施工完成 28 d 后，方可填筑路基。⑤冬季施工时混合料入孔温度不得低于 5℃，对桩头和桩间土应采取保温措施。

8.铺设土工合成材料

土工合成材料的质量应符合设计要求及规范要求，在采用土工合成材料加筋的路堤填筑正式开工前，应结合工程先修筑试验路段，以指导施工。铺设土工合成材料应按图纸施工，在平整的下承层上全断面铺设。铺设时，土工织物应拉直平顺，紧贴下承层，不得扭曲、折皱。在斜坡上摊铺时，应使土工合成材料保持一定的松紧度。可采用插钉等措施将土工合成材料固定于填土下承层表面。

在铺设土工合成材料时，应将其强度高的方向置于垂直于路堤轴线方向。应保证土工合成材料的整体性，当采用搭接法连接时，搭接长度宜为 300～600 mm；采用缝接法时，接缝宽度应不小于 50 mm；采用黏结法时，黏结宽度不应小于 50 mm，黏合强度应不低于土工合成材料的抗拉强度。铺设土工合成材料的土层表面应平整，表面严禁有碎、块石等坚硬凸出物；在距土工合成材料层 80 mm 以内的路堤填料，其最大粒径不得大于 60 mm。

土工合成材料摊铺以后，应及时填筑填料，以避免其受到暴晒，一般情况下，间隔时间不应超过 48 小时。填料应分层摊铺、分层碾压，所选填料及其压实度应符合规范的要求。与土工合成材料直接接触的填料中严禁含强酸性、强碱性物质。土工合成材料上的第一层填土摊铺宜采用轻型推土机或前置式装载机，一切车辆、施工机械只容许沿路堤的轴线方向行驶。

对于软土地基，应采用后卸式货车沿加筋材料两侧边缘倾卸填料，以形成运土的交通便道，并将土工合成材料张紧。填料不允许直接卸在土工合成材料上面，必须卸在已摊铺完毕的土面上；卸土高度以不大于 1 m 为宜，以免造成局部承载能力不足。卸土后应立即摊铺，以免出现局部下陷。

填成施工便道后，再由两侧向中心平行于路堤中线对称填筑，第一层填料宜采用推土机或其他轻型压实机具进行压实；只有当已填筑压实的垫层厚度大于 600 mm 后，才能采用重型压实机械压实。双层土工合成材料上、下层接缝应交替错开，错开长度不应小于 500 mm。施工过程中土工织物不应出现任何损坏，以保证工程质量。

二、黄土地区路基施工

1．黄土路基的特点

湿陷性黄土一般呈黄色或黄褐色，粉土含量常占 60% 以上，含有大量的碳酸盐、硫酸盐等可溶盐类，天然孔隙比在 1 左右，肉眼可见大孔隙。在自重压力或自重压力与附加压力共同作用下，湿陷性黄土受水浸湿后其结构迅速被破坏，从而发生显著附加下沉现象。

2．施工准备工作

黄土地区路基施工，应做好施工期排水，将水迅速引离路基。在填挖交界处引出边沟时，应做好出水口的加固，排水设施接缝处应坚固不渗漏。

3．湿陷性黄土地基的处理方法

湿陷性黄土地基应采取拦截、排除地表水的措施，防止地表水下渗，减少地基地层湿陷下沉。其地下排水构造物与地面排水沟渠必须采取防渗措施。

若路基土层有强湿陷性或较高的压缩性，且容许承载力低于路堤自重压力时，应考虑路基在路堤自重和活载作用下所产生的压缩下沉。除采用防止地表水下渗的措施外，可根据湿陷性黄土工程特性和工程要求，因地制宜采取换填土法、重锤夯实法、强夯法、预浸法、挤密法、化学加固法等措施对路基进行处理。

4.黄土填筑路堤要求

①路床填料不得使用老黄土，路堤填料不得含有粒径大于 100 mm 的块料。

②在填筑横跨沟堑的路基土方时，应做好纵横向界面的处理。

③黄土路堤边坡应拍实，并应及时予以防护，防止路表水冲刷。

④浸水路堤不得用黄土填筑。

5.黄土路堑施工要求

①路堑路床土质应符合设计要求，密实度不足时应采取措施碾压至要求的压实度。

②路堑施工前，应做好堑顶地表排水导流工程，路堑施工期间，开挖作业面应保持干燥。

③路堑施工中，如边坡地质与设计要求不符，可提出修改边坡坡度的意见。

6.地基陷穴处理方法

陷穴表面的防渗处理层厚度不宜小于 300 mm，并将流向陷穴的附近地表水引离。对现有的陷穴、暗穴，可以采用灌砂、灌浆、开挖回填等措施，开挖可以采用导洞、竖井和明挖等方法。

三、滑坡地段路基施工

对于滑坡的处置，应分析滑坡的外表地形滑动面，滑坡体的构造、滑动体的土质及饱水情况，以了解滑坡体的形式和形成的原因。根据公路路基通过滑坡体的位置、水文、地质等条件，充分考虑路基稳定的施工措施。

路基滑坡直接影响到公路路基稳定时，不论采用何种方法处理，都必须做好地表水及地下水的处理。对于滑坡顶面的地表水，应采取截水沟等措施处理，不让地表水流入滑动面内。在滑坡体未处置之前，禁止在滑坡体上增加荷载（如停放机械，堆放材料、弃土等）。

对于挖方路基上边坡发生的滑坡，应修筑一条或数条环形水沟，但最近一条必须离滑动裂缝面最少 5 m 以外，以截断流向滑动面的水流。截水沟可采用砂浆封面浆或砌片（块）石修筑，滑坡上面出现的裂缝须填土进行夯实，避免地表水继续渗入，或结合地形，修建树杈形及相互平行的渗水沟与支撑渗沟，将地表水及渗水迅速排走。

当挖方路基上边坡发生的滑坡不大时，可采用（台阶）减重法、打桩法或修建挡土墙法进行处理以达到路基边坡稳定。采用打桩法时，桩身必须深入滑动面以下设计要求的深度；采用修建挡土墙时，挡土墙基础必须置于滑动面以下的硬岩层上。同时，宜修统一排水沟、暗沟（或渗沟）排出地下水。滑坡较大时，可采用修建挡土墙、钢筋混凝土锚固桩或预应力锚索等方法处理，不论采用何种方法处理，其基础都必须置于滑动面以下的硬岩层上或达到设计要求的深度。同时宜修筑渗沟、排水涵洞（管）或集水井。

填方路堤发生的滑坡，可采用反压土方或修建挡土墙等方法处理。沿河路基发生的滑坡，可修建河流调治构造物（堤坝、丁坝、稳定河床等）及挡土墙等进行处理。滑坡表面可采用整平夯实山坡、填筑积水坑、堵塞裂隙或进行山坡绿化固定表土等方法处理。

四、岩溶地区路基施工

以地下水为主、地表水为辅，以化学过程（溶解和沉淀）为主、机械过程（流水侵蚀和沉积、重力崩塌和堆积）为辅的石灰岩等可溶性岩石的破坏和改造作用称岩溶作用。岩溶作用所造成的地表形态和地下形态称岩溶地貌，岩溶作用及其产生的特殊地貌形态和水文地质现象统称为岩溶。

1. 岩溶地区公路路基工程的主要病害

由于地下岩溶水的活动，或因地面水的消水洞穴被阻塞，导致路基基底冒水、水淹路基、水冲路基以及隧道冒水、冒泥等病害；由于地下岩溶洞穴顶板的坍塌，引起位于其上的路基及其附属构造物发生坍陷、下沉或开裂；由于溶沟、溶槽、石芽等的存在造成路基不稳定，影响路基及其附属构造物的稳定性或安全；某些岩溶形态的利用问题，如利用天生桥跨越地表河流，利用暗河溶洞扩建隧道等。此外，岩溶地区除石灰岩类岩溶外，还分布着各类危及路基的岩堆，这类岩石多数属于炭质泥岩、页岩、麻岩、云母岩。还有因过量开采煤田、矿区、油田及地下水而形成的采空区，往往会引起路基沉陷、变形或开裂。

因此，在岩溶地区建造公路，应全面了解公路通过地带岩溶发育的程度和岩溶形态的空间分布规律，以便充分利用某些可以利用的岩溶形态，避让或防治影响路基稳定的岩溶病害。

2.岩溶形态及岩溶类型

岩溶的形态类型很多，比如石芽和溶沟（槽）、溶蚀裂隙、漏斗、溶蚀洼地、坡立谷和溶蚀平原、溶蚀残丘、孤峰和峰林、槽谷、落水洞、竖井、溶洞、暗河、天生桥、岩溶湖、岩溶泉及土洞等。比较常见的岩溶形态如下。

漏斗：常见的地表岩溶形态之一，由地表层的溶蚀和侵蚀作用伴随塌陷作用而成，呈碟状或倒锥状，平面上呈圆形或椭圆形，直径和深度一般由数米至数十米。

溶蚀洼地：许多相邻的漏斗经流水溶蚀不断扩大汇合而成溶蚀洼地。平面上呈圆形或椭圆形，但规模比漏斗更大，直径由数百米至一两千米。溶蚀洼地周围有溶蚀残丘或峰丛、峰林，底部常有落水洞和漏斗。

坡立谷和溶蚀平原：溶蚀洼地充分发育，相邻的洼地彼此连通，发展成坡立谷。坡立谷长度、宽度从几十米至数千米不等，四周山坡陡峻，谷底宽平，覆盖着溶蚀残余的黄色、棕色或红色的黏性土，有时还有河流冲积层。常有河流纵贯坡立谷，河水从一端流入，于另一端被落水洞吸收，转入地下成暗河。有些坡立谷还耸立着孤峰。坡立谷进一步发展，即形成开阔宽广的溶蚀平原，溶蚀平原上还有许多其他岩溶形态。

槽谷：是岩溶山区比较常见的一种长条形的槽状谷地，谷底平坦，谷坡陡峻，主要是由水流长期溶蚀而成。由于河谷底部发育有一系列漏斗、落水洞等，地表水流不断漏失，使原来的河谷失去排水作用，即成干谷。槽谷在大部分时间是干涸的，但在暴雨季节和排水不畅时，则会出现暂时的水流。

落水洞、竖井：落水洞和竖井多由岩石裂隙经流水长期溶蚀扩大或由岩层坍陷而成，呈垂直或稍倾斜状，下部多与溶洞或暗河连通，是地表通向地下的流水通道。落水洞常产生在漏斗、槽谷、溶蚀洼地和坡立谷的底部，或河床的边缘，多呈串珠状分布。在雨季，由于落水洞排水不畅，常使槽谷、溶蚀洼地和坡立谷产生暂时性的积水，甚至发生淹水现象。

溶洞：一种近于水平方向发育的岩溶形态，常由溶水对岩层的长期溶蚀和塌陷作用而形成，是早期岩溶水活动的通道。规模较大的水平溶洞系统，主要是在岩溶水的水平循环带中产生的。溶洞系统比较复杂，规模、形态变化很大，除少部分洞身比较顺直、断面比较规则外，大部分是忽高忽低、忽宽忽窄，洞身曲折起伏很大。洞内普遍分布各种堆积物，有时还有河流流痕及砂砾、卵石冲积物，支洞多，常有丰富的岩溶水。

暗河、天生桥：暗河是地下岩溶水汇集、排泄的主要通道，在岩溶发育地区，大部分地下都有暗河存在。其中部分暗河常与地面的槽谷伴随存在，通过槽谷底部的一系列漏斗、落水洞使两者互相连通。因此，可以根据这些地表岩溶形态的分布位置，大略地估计暗河在地下的发展方向。地下的暗河河道或溶洞塌陷，在局部地段有时会形成横跨水流的天生桥。

岩溶泉：岩溶水流出地面即成岩溶泉。它是岩溶发育地区分布最广泛的一种岩溶现象，其中以下降泉居多，上升泉较少。岩溶泉有经常性和间歇性之分。间歇性泉旱季干涸，雨季流水。当暗河流向非岩溶地区时，可溶岩层与非可溶岩层接触带的边缘，经常是岩溶泉最发育的地方。

岩溶湖：由于槽谷、溶蚀洼地、坡立谷中的大型漏斗底部的消水通道堵塞，或溶蚀平原局部洼地集水而成的湖泊。在溶洞中也常有小型的地下岩溶湖存在。

土洞：在槽谷、坡立谷底部和溶蚀平原上，可溶性岩层常为第四纪的松散土层所覆盖，由于地下水位降低或水动力条件的改变，在岩溶水的淋滤、潜蚀、搬运作用下，使上部土层下落，流失或坍塌，形成大小不一、形态不同的土洞。

3. 岩溶路基施工要点

岩溶地区路基常见病害主要表现为：地下水位高而侵蚀路基，导致土基软化，路面开裂；暴雨时节冲垮路基，路床地面以下有潜伏洞穴而产生凹陷。一般公路受造价的制约，当地往往又缺乏路基用土，故而采用矮路堤。矮路堤所固有的排水不畅、地基强度不足等病源在此得到充分暴露。岩溶地区路基的施工要点是疏导、填洞、跨越、利用。

（1）疏导

岩溶地下水应因势利导，采用疏导的方法降低地下水位，从而消除地下水对路床的影响，保证路基处于干燥或中湿状态。在施工中，不应堵塞溶洞水的出路。一般的做法是在与地下水道相连的漏斗、消水洞处一律修建疏导建筑物。疏导建筑物一般可采用明沟、泄水洞、渗沟、涵洞等。

（2）填洞

有填充物的溶洞可以采用以下加固处理的方法：对洞径小而浅的，清除洞内的填充物后，先用大块石堵塞洞口，再用片石混凝土填平；对洞径小而深的，采用钢筋混凝土板把洞封闭；对洞径大而浅的，全部清除洞内的填充物后换填片石混凝土；对洞径又大又深，且洞内填充物多而不易清除的，采取清除部分充填物并整平后，先填大块石，再填片石，然后夯填黏土做成土片拱，最后用浆砌片石拱跨封闭。

（3）跨越

公路需跨越溶洞、暗河、冒水洞或消水洞时，如跨越条件好，可采用桥、涵结构。施工现场应注意季节性暗河与地表水的汇流量。山区低等级公路在跨越经常性积水而水位又比较浅的溶蚀洼地时，若跨越宽度大、净高受控制（如造价），可考虑抛填片石透水性路堤，或透水性路堤与泄洪涵洞相结合。

（4）利用

公路可能从溶洞或暗河的顶部横跨通过，也可能顺着溶洞穿越。当溶洞或暗河的顶板厚度大于 10 m，其下洞道的直径小于 5 m 时，只要顶板岩层完整，就可以直接利用。当顶板厚度大于 10 m，而洞道直径小于 2 m 时，即使顶板岩层有坍坠现象，如为坚硬岩层，也可不作处理。公路顺着干涸或季节性少量冒水的溶洞通过，可考虑直接加工改造成符合公路等级的隧洞。

4.岩溶路基基底的处理

（1）一般路基基底的处理

岩溶地区地表通常分布着高低不一的石笋、石芽或孤石。它们之间堆积着厚度为 0~50 cm 的腐殖土，且生长着低矮的灌木，清表工作异常困难。填石或填土后地基强度往往不足。通常的做法是在砍树挖根后，清挖石芽之间的腐殖土至基岩，要求将过高的石芽、石笋炸除，保证高出清基后地表 30~50 cm，再回填碎石、砂砾，压实至石芽顶部。部分超高的孤石应爆炸清除。对大面积的石笋、石芽、孤石，整平地基后预估强度不均匀时，除进行局部碾压之外，尚可考虑增设土工格栅，以提高路堤基底的均匀性。公路跨越矿井、油田等采空区时，在施工处理上有许多与岩溶地区相似之处，可参考上述方法予以处理。

（2）崩坍、岩堆地区路基基底的处理

在陡峭的山坡上，由于人工开挖、风化、爆破等作用，岩（土）体从陡峭斜坡上向下倾倒、崩落、翻滚，破坏过程急剧、短促而猛烈，这个过程称崩坍。崩坍后岩（土）体的原来结构完全被打乱，大石块抛落较远，土体较集中，堆积而成倒石堆或岩堆。崩坍、岩堆地区路基基底处理的关键是边坡整治。公路应尽量避免通过原有的崩坍、岩堆地段。确有必要通过时，应探明其深度、范围、工程数量，采取清挖至原状土、设支挡结构物、桩基顶面打钢筋混凝土盖板、桩基与岩堆共同组成复合地基等措施。之后，按填土或填石路基施工。

五、冻土地区路基施工

（一）多年冻土地区路基施工

1.冻土的定义及特征

凡温度为负温或零温并含有冰的各种土均称为冻土。土只为负温而不含冰时则称为寒土。冬季冻结、夏季全部融化的土称为季节冻土，季节冻结层又称季节作用层、活动层。冬季冻结，一两年内不融化的土层称为隔年冻层。冻结状态持续3年以上的土称为多年冻土。

季节冻土地区的表层土夏季融化，冬季冻结，所以是季节冻土。根据其与下卧土层的关系，季节冻土又可分为季节冻结层和季节融化层。其中，季节冻结层夏季融化，冬季冻结时不与多年冻土层衔接或其下为融土层，季节融化层是夏季融化，冬季冻结时与多年冻土完全衔接的土层。不衔接多年冻土属于前者，衔接多年冻土属于后者。

（1）多年冻土上限、下限及冻土厚度

在多年冻土地区，地表以下的一定深度内，每年夏季融化、冬季冻结的土层为季节融化层。在该深度以下的土终年处于冻结状态，称为多年冻土。这一深度称为季节融化层底板或多年冻土上限。从地表到达这一深度的距离即为季节融化层厚度或多年冻土上限的埋深。

多年冻土层的底部称作多年冻土下限。下限处的地温值为0 ℃。下限以上为多年冻土，以下为融土。上限和下限之间的距离称为多年冻土厚度。

多年冻土厚度是多年冻土的重要标志之一，它反映着冻土的发育程度；冻土层的厚度对评价建筑物地基稳定性有着重要意义，是进行各类型建筑地层基础设计不可缺少的依据。多年冻土薄的在10 m以下，最厚的多年冻土在大、小兴安岭可超过100 m。

（2）多年冻土分类

多年冻土按照含冰量分类，可分为少冰冻土、多冰冻土、富冰冻土、饱冰冻土和含土冰层五类。

（3）多年冻土上限的类别及用途

多年冻土上限有天然上限和人为上限两种。天然状态的多年冻土，上限为其天然上限。因受人类活动影响改变了地温与气温的热交换条件，破坏了天然条件下的热平衡状态导致多年冻土上限发生变化，变化后的多年冻土上限即为人为上限。

多年冻土的人为上限决定了多年冻土融化下沉计算的下部界限；而天然上限往往是厚层地下冰的埋藏深度。在建筑物地基的融沉计算中应包括融沉和压密下沉两部分。

2.冻土地区的不良地质现象

多年冻土地区的不良地质对公路建设会产生多种病害。因此，有必要了解冻土地区不良地质现象的形成和发展，以便采取预防措施。多年冻土地区之所以会出现不良地质现象，是因为多年冻土地区不仅气候严寒，而且还有多年冻土层作为底板使地表水的下渗和多年冻土层上水的活动受到约束，这是冻土地区不良地质现象发生和存在的基本条件。多年冻土地区的不良地质现象主要有冰丘、冰锥、地下冰和冻土沼泽等。

3.冻土地区公路路基的主要病害

（1）融沉

融沉现象多发生在含冰量大的黏质土地段。当路基基底的多年冻土上部或路堑边坡上分布有较厚的地下冰层时，由于地下冰层埋藏较浅，在公路施工及使用过程中，因原来的自然环境条件发生了变化，多年冻土局部融化，上覆土层在土体自重力及外力的作用下产生沉陷，造成路基变形。融沉主要表现在路堤向阳侧路肩及边坡开裂、下滑，路堑边坡溜坍等。

当出现融沉现象时，路基一般以较慢的速度下沉，但有时也会经过一段时间的慢速下沉后，突发大量的沉陷，并使两侧部分地基土隆起。产生的原因是路基基底中含冰量大的黏质土融化后处于过饱和状态，几乎没有承载能力，又因路堤两侧融化深度不同，使得基底形成一个倾斜的冻结滑动面。在外荷载的作用下，过饱和的黏质土顺着冻结面挤出，路堤会在瞬间产生大幅度的沉陷，这种现象通常被称为突陷。这样的突陷会危及行车的安全。

（2）冻胀

该现象多发生在季节性冻结深度较大的地区及多年冻土地区，以多年冻土地区较严重。其原因是地基土及填土中的水冻结时体积膨胀。冻胀的程度与土质及土中的含水量有关。

（3）冰害

冰害主要是指在路堤上方出露地表的泉水，或开挖路堑后地下水自边坡流出，在隆冬季节随流随冻，形成积冰掩埋路基面或边坡挂冰、堑内积冰等病害。冰害在多年冻土地区尤为严重。对路基工程来说，路堑地段较路堤地段冰害要多，发生在浅层地下水发育的低填浅挖及零填挖地段的冰害危害程度更大。

（二）季节性冻融翻浆地区路基施工

季节性冻融地区的路基在冰冻过程中，土中的水分不断地向上移动，使路基上部的水分含量大大增加。春融期间，由于土基含水量过多，强度急剧降低，再加上行车的作用，路面会发生裂缝、鼓包、冒泥等现象，形成翻浆。翻浆现象主要发生在中国北方各省及南方的季节性冰冻地区。

翻浆的发生，不仅会破坏路面，妨碍行车，严重的还会中断交通。因此，在翻浆地区修筑公路，对水文及地质不良地段，要注意详细调查沿线地表水、地下水、路基土和筑路材料的情况，以便采取相应的处理措施。从设计与施工两方面综合考虑，以防止翻浆的发生。

1.防治翻浆的工程措施

（1）做好路基排水，提高路基

施工前应根据设计文件对翻浆地段进行现场详细调查，按水文、地质情况，做好场地排水工作，以防止地表水或地下水侵入路基，使路基土体保持干燥，从而减少冻结时水分聚流的来源。这是预防和处理地表水类和地下水类翻浆的首要措施。

提高路基，增加路基边缘至地下水或地面水位间的距离，使路基上部土层保持干燥，在冻结过程中不致因过分聚冰而失去稳定性。这是一种效果显著、简便易行、比较经济的常用措施，主要适用于取土方便的地段。当公路穿过农田地段时，为了少占农田，则应与路面结构综合考虑，以确定合理的填土高度。

在有些中、重冰冻地区及粉性土地段，不能单靠提高路基保证道路的稳定性，还要与其他措施配合。如在路堤填土高度受限制时，可在底槽做1%～3%的横坡，上铺15～30 cm厚的砂垫层（以不含粉砂和杂质泥土的粗砂为宜，不宜用细砂）进行处理。

（2）铺设隔离层

隔离层设在路基中一定深度处，其目的在于防止水分进入上部路基，从而保持上部路基干燥，防止翻浆发生。隔离层按使用材料可分为透水性及不透水性隔离层两类。透水性隔离层一般由碎石、砾石或细砂等做成，铺在聚冰层之下，其厚度为10～20 cm，并在其上、下面反铺草皮，防止隔离层被淤塞。隔离层的底部应高出地表水面25 cm以上，并向路基两侧做3%的横坡排水。不透水隔离层分不封闭式（仅隔断毛细水）和封闭式（隔断毛细水和横向渗水）两种。不透水隔离层可用两层油毡中间涂沥青铺成，也可在压实整平的土基上直接喷洒一层厚度为 0.2～0.5 cm 的沥青或渣油（用油量为 2～3 kg/m²），或在土基上铺筑 8%～10%的沥青土或 6%～8%的沥青砂（厚 2.5～3 cm），还可以在土基上直接铺塑料薄膜等。施工中严防石块及其他尖物刺穿不透水隔离层。隔离层在应用中应注意两点：不透水隔离层适用于不透水路面的路基中，在透水路面下只能设透水隔离层；在盐渍土地区的翻浆路段，设计隔离层深度时应同时考虑防止盐胀和次生盐渍化等要求。

（3）设路基盲沟

①横向盲沟。公路纵坡大于 3%的翻浆路段，当中级路基（岔道、辅道等）基层采用透水性材料时，为了及时排出透水层内的纵向水流和春融期土基化冻时的多余水分，可在路槽下设置横向盲沟。横向盲沟可设成人字形，纵向间距 10 m 左右，深度 20～40 cm。横向盲沟易淤塞，在使用时应予注意。②排水渗沟。为了降低路基附近的地下水位，可采用有管渗沟。为了拦截并排除流向路基的层间水，可采用截水渗沟。

（4）换土处理

采用水稳性好、冰冻稳定性好、强度高的粗颗粒土换填路基上部，可以提高路基的强度和稳定性，这是高等级公路中常用的处理方法。

换土主要适用于因路基标高限制，不允许提高路基，且附近有砂石材料可利用的路段及原有路基土质不良路段。

换填厚度需根据地区情况、强度要求及换填材料等因素确定，一般换填 40～60 cm，路基就可以基本稳定。

2.季节性冻融翻浆路基施工要点

（1）排水

在施工前应认真了解地形及水文、地质情况，凡是可能危害路基强度、稳定性的地表水和地下水，均应采取有效的临时性或永久性措施，使水能迅速排到路基之外。路床面应保持良好的排水状态。从路堑到路堤必须修建过渡边沟，且无阻塞现象。各层填土应有路拱，表面无积水。施工后，各式沟、管、井等能形成完整有效的排水系统。

（2）路堤

①原地面处理：水文、地质不良和湿软地段，可视情况在地表铺填厚度不小于 30 cm 的砂砾，或做局部挖除换填处理。②填料：宜选用水稳性良好的土填筑路基。路基上部受冰冻影响部位，应选用水稳性和冻稳性均较好的粗粒土。冻土、非渗水性过湿土、腐殖土

禁止用于填筑各层路堤。压实后的含水量应控制在最佳含水量±2%范围内。③取土场：宜设置集中取土场，排水困难地段更宜集中取土。④碾压：各层表面碾压前应用平地机进行整平和修整路拱，切实控制松铺厚度以及填料的均匀性。压实后测量各层表面的平整度，其间隙高度不宜大于 20 mm，成形后路床顶面应进行弯沉检查或用不小于 20 t 的压路机碾压检验有无软弹现象。⑤路堤高度：应满足路基能全年处于干燥或中湿状态。填筑低路堤时，应根据具体情况采取相应的技术措施。⑥为使路基预拱度和稳定性满足设计要求，施工中各类冻融翻浆防治方法可综合选用。

（3）路堑

石方段超挖回填部位应选用符合要求的石渣，压实度不得低于95%，禁止使用劣质开山料或覆盖土回填或找平。超挖部分不规则或超挖不超过 8 cm 时，可用混凝土修补找平。整平层宜采用级配碎石或水泥稳定碎石、二灰稳定碎石等半刚性材料。土质路或遇水崩解软化的风化泥质页岩等类路堑的路床压实度如不符合规定要求时，应翻松压实或根据土质情况，换填符合路床强度并满足压实度要求的足够厚度的好土，然后加强排水措施，如封闭路肩、浆砌边沟等。

有裂隙水、层间水、潜水层、泉眼等路段，应分别采取切断、拦截、降低等措施，如加深边沟和设置渗沟、渗管、渗井等。

第四节　路基防护与支挡工程

一、路基防护与支挡工程类型

一般把防止风化和冲刷，主要起隔离、封闭作用的措施称为防护工程。防护工程不能承受外力作用，所以要求路基本身必须是稳定的。把防止路基或山体因重力作用而滑移，地基承载力不足而沉陷，主要起支撑和加固作用的结构物称为支挡工程。它们当中有些措施往往兼有防护与加固作用。路基防护与支挡工程，按其作用不同，可分为坡面防护、冲刷防护及支挡建筑物三大类。

1. 坡面防护

坡面防护，主要是保护路基边坡表面，使其免受雨水冲刷，减缓温差以及减少温度变化对其的影响，防止和延缓软弱岩土表面的风化、碎裂、剥蚀演变进程，从而保护路基边坡的整体稳定性，在一定程度上还可美化路容。常用的类型有植物防护、浆（干）砌片石及混凝土预制块、坡面处置及综合防护等。

2. 冲刷防护

冲刷防护用于防护水流对路基的冲刷与淘刷，可分为直接防护和间接防护等。直接防护类型有植物防护、砌石防护与加固等。间接防护主要指设置导流结构物，如丁坝、顺坝、防洪堤、拦水坝等，必要时可疏浚河床、改变河道，以改变水流方向，避免或减少水流对路基的直接破坏。

3. 支挡建筑物

支挡建筑物用以防止路基变形或支挡路基本身，以保证其稳定性。常用的类型有挡土墙、土垛、石垛及浸水挡土墙等。

二、常见的防护施工

（一）植物防护施工

进行公路边坡坡面防护，必须考虑当地的气候特点、边坡类型和工程经济特点。植物的选择应根据植物特性，考虑公路结构、管护条件、环境条件等。优先选择本地区的植物；注重植物的种类和生态习性的多样性；与附近的植物和风景等诸多条件相适应；兼顾近期和远期的植物规划，慢生和速生种类相结合；尽量选取花、枝、叶形态美观的植物。

植物的配置应考虑如下条件。

①根据季节的变化要求，使用不同季节相变化的植物，丰富公路景观。南方一般地区植物防护种类宜做到花常开、叶常绿；北方有条件地区宜做到三季有花、四季常绿。②有条件地区植物防护的空间配置在平面和立面的基础上，可采用自然式和规则式。③草地与周围植物应根据景观、功能要求，利用对比等手法进行配置。边坡的植物防护配比一般应通过种子发芽率试验和种植试验确定，种植试验一般分路堤边坡试

验和路堑边坡试验，其中路堑边坡试验又可分为阳坡土质、阴坡土质、阳坡土夹石、阴坡土夹石、缀花边坡及纯石质边坡进行不同配比的试验，根据试验边坡植物的生长情况确定施工配比。

1. 植物防护的技术要求

公路边坡植物防护应与主体工程相互协调。①路堤或路堑边坡，考虑高度和坡度，利用护坡道、平台、碎落台，在满足土壤和灌木条件的前提下，进行植物防护；②一般坡度缓于1：1.5的路基边坡可种植乔木，大乔木种植坡度应缓于1：4，中乔木种植坡度应缓于1：3；③坡度较陡、土质不佳时，可设计支架或砌筑植树坑，混凝土、砌石或喷射砂浆的边坡，可在边坡脚挖筑种植坑或在坡面预留坑。

土质或以土质为主的边坡，宜用灌木或混播抗逆性强的草种，并可多选用豆科植物进行植物防护，通过管护逐步稳定。边坡平台宜选择灌木或小乔木植物防护。混凝土、砌石或喷射砂浆的边坡，可选择攀缘或悬垂的植物以及抗逆性强的灌木或小乔木植物防护。土夹石边坡，应结合防护工程，改善水肥条件后，用灌木或草本植物防护。

2. 植物防护施工时间的选择

边坡植物防护需在土建工程完成后进行。在土建施工完成并清除场地废物和其他有碍植物生长的杂物，边坡平整后开始边坡植物防护施工，上边坡植物防护应在边坡工程治理稳定后进行。施工季节宜在3～4月、5～9月或10～1月。

植物防护施工应根据植物特性适时进行：①耐寒树类在秋季落叶后种植为宜；耐寒性较差或珍贵的边缘树类宜春季种植。②常绿树种、针叶树类宜在春季或雨季种植；常绿阔叶树类在春季或雨季种植效果好。③草地建植：采用营养体繁殖的草，适宜在春末、夏初和深秋种植。冷季型草宜在秋季种植，暖季型草宜在春末夏初种植。

3. 公路边坡植物的种植

（1）公路边坡喷播播种

①坡面整理。进行喷播的场地废物和其他有碍植物生长的杂物清除和边坡平整，填平低洼。施用底肥以有机肥为主，均匀撒布或条施、穴施，并与土壤充分拌和。

对土壤较硬、节理发育差、种子着床困难的边坡，采用挖沟、挖槽、打孔等技术进行处理，以保证种子的附着及生长；对较贫瘠的坡面施以底肥，提高植物对贫瘠土壤的适应能力。对拱形（或人字形）护坡工程的坡面需做成行距15～20 cm、深5～8 cm的横沟，六角空心砖坡面只松土不做槽。对不适应植物生长的边坡土壤进行换土处理，所换土壤必须符合植物防护技术规范中对土壤的要求。

对于可能产生径流冲刷的坡面，应采取截排水措施，避免径流对种植坡面的冲刷，影响种植效果。

②种子处理。种子的处理是影响植物生长最直接的因素。根据各种种子生长特性，采取不同的处理方法，如白三叶，宜提前 24 h 进行根瘤接种，以利于诱发根瘤的生长和繁殖；对部分苗木种子，如车桑子、刺槐等要提前用温水（一般为 50℃左右的温水）或 5%的氢氧化钠溶液浸泡 12 h，作催芽处理；如苗木种子壳较硬难以出苗，应进行种子的破壳处理，以保证灌木的正常出苗。

③施工。由于在初期，树苗出芽、生长的速度一般比草慢，如果树、草同时播种，大部分阳光、养分等会被草吸收，会导致树苗生长速度慢，甚至死亡。为此，对于树草混播的植物防护应采用两步施工，即先点播，后喷播。采用点播法种植树种，采用喷播法种植草种。当土质松散，急需快速植物防护的边坡，可采取先喷播、后补播的工艺流程。无论采用哪一种施工方法，都需施足底肥。下面重点介绍点播与喷播。

点播。种子种植一般每平方米 4~6 穴，穴深 3~5 cm，穴宽 10~15 cm。肥料与种子以 2∶1 的体积充分混合后，一次点播到穴位内，每穴点播种子 5~10 粒后立即覆土，等小苗长到 2~3 cm 高后，即可实施喷播。

喷播。公路边坡坡面一般采用液压喷播法进行植物防护施工，喷播的配比按设计和试验结果（发芽率试验、喷播试验的植物生长情况）进行，种子配备应按两天施工用量提前一天配备好，并挂好标签，以免混用。喷播程序如下：配料注水→搅拌→喷播→覆盖。

配料是在喷播车料箱注水的同时，首先加入复合肥和纤维材料（如锯木面等），在注水到约 3/5 时加种子、黏结剂（如胶粉）、保水剂（如纸浆等）以及土壤防蚀剂，注满水后搅拌 15 min 即可用高压水把混合好的液体均匀喷播在坡面上。喷播施工后及时覆盖无纺布，每间隔 60~100 cm 用 U 形铁丝、铁钉、木（竹）钉把无纺布固定在坡面上。

（2）公路边坡直播播种

公路边坡直播植物防护的施工流程为：公路坡面整理→种子准备→播种→养护管理。播种前后应注意以下事项。

①应采用新鲜的种子，其纯度、重量、含水量、净度和发芽率等应合格。

②发芽困难，需处理后播种的草种，应进行催芽处理。常用的处理方法有：冷水浸种、机械处理、药物催芽、高温催芽等。

③播种以撒播为主,还可以采用开沟条播、穴播等方法。播种均匀,播种后应及时覆土滚压,或用齿耙拉松表土,埋没种子1～2 cm。

④设计的播种量应根据现场情况适当调整。种子发芽率高,填土湿润、疏松、建坪时间充足的,播种量可适当减少;相反,则相应增加。

⑤播种后,为保持土壤水分、调节土温和抑制其他杂草的生长,宜覆盖无纺布,苗高6～8 cm后可适时揭布。

（3）三维植被网垫植草

使用三维植被网垫植草法植草,种子均匀且用量省,降雨或浇水时不易被冲走,防止水土流失效果明显。

三维植被网垫植草可按以下步骤施工:清理边坡→整平坡面→润湿坡面→铺网垫→用竹（木）钉固定网垫→撒细土播种,撒土覆盖浇水养护→后期管理。

三维植被网垫植草的施工方法如下。

①铺设网垫前,先将边坡上的碎石块、杂草枝等杂物清理干净,然后平整坡面。

②如果边坡干燥,先用水将边坡浇湿,接着将网垫顺势铺下,在坡底将其剪断,然后用竹（木）钉将网垫从上到下固定,大约每平方米用6根竹（木）钉;竹（木）钉的排列以梅花形为宜;竹（木）钉的形状为长15 cm、直径1 cm,顶端戴帽,下端略尖。

③在路肩（或边坡顶部）向里15 cm左右的范围内向下挖10 cm深的沟,用竹（木）钉将网垫固定再用土埋压。

④两幅网垫之间的搭接宽度为5 cm,搭接处用竹（木）钉固定。

⑤根据草籽与所需要覆盖土的厚度和网垫的高度,先向网垫上撒一些细土或不撒土,以符合所撒草籽的要求;然后向已铺好的网垫上撒草籽,这时可将草籽与细土搅拌均匀,一起撒播在网垫上。

⑥每平方米大约需要10 g的草籽。撒完草籽后,应再向网垫撒土进行覆盖,覆盖土的厚度以网垫微微露出为宜。

三维植被网垫植草施工应注意的事项如下。

①撒播草籽时,应选择在土壤湿润的季节或雨后施工,土壤的含水量以40%～50%为宜。

②选择的草籽应适应当地气候条件,以根系发达的草种为好,必要时应进行试播。

③在浇水时,如发现草籽被水冲露出土,应及时补土覆盖;如有苗被水冲走,应补苗。

④撒草籽时,草籽的覆土不宜太厚,应控制在1 cm左右。

⑤在难铺网垫的坡面上应注意保持网垫平整，在地形有突变或地形复杂处，应适当增加固定钉子的密度。

⑥铺摊网垫时，不得留有空隙，保证搭接宽度，网垫周边应进行压埋处理。

⑦在撒播的草没有生长好之前，应及时清除杂草。

（二）圬工防护施工

1.喷浆、喷射混凝土防护

喷浆、喷射混凝土防护适用于易风化和坡面不平的岩石挖方边坡。喷浆、喷射混凝土的水泥用量较大，可用于重点工程或重点防护地段。对坡面较陡或易风化的坡面，可以在防护之前先铺设加筋材料，加筋材料可以用铁丝网或土工格栅。喷浆、喷射混凝土坡面应设置泄水孔，一般按2～3 m的间距和排距设置。

（1）喷浆、喷射混凝土防护的施工流程

喷浆、喷射混凝土防护一般按下列工序和步骤进行：施工前准备→测量放样→清理坡面→准备砂浆或混凝土→预留泄水孔→（打锚孔→清孔→插锚杆→压力灌浆→检查锚杆抗拔力挂网）→预留伸缩缝→喷浆或喷射混凝土→（切缝机切缝→封缝）。

（2）喷浆、喷射混凝土防护的施工方法

①施工前，要清除坡面的活岩、虚渣、浮土、草根等杂物；坡面如有较大的裂缝、凹坑时，应先嵌补牢实，使坡面平顺整齐；岩体表面要冲洗干净，土体表面要平整、密实、湿润；对坡面渗水进行处理。

②材料要符合设计规定，不得使用三无产品；钢筋不得有污锈。

③泄水孔通常采用预留的方法形成，即在喷浆、喷射混凝土之前将硬塑料管或PVC管或钢管或其他地方性材料做成的管子（如竹筒等）放置在泄水孔的设计位置，泄水管应外倾、固定，用纸团或木桩堵孔，然后进行喷浆施工。施工完毕后，除掉堵塞排水管的纸团或木桩就可以形成泄水孔。也可以用坡面喷浆、喷射混凝土之后采用风钻钻凿泄水孔。

④每10～15 m设置一条伸缩缝，可以用浸沥青木板或塑料泡沫放置在伸缩缝的设计位置，并加以固定，然后进行喷射施工形成伸缩缝；也可以在喷射施工完成后用切割机切割形成伸缩缝。等混凝土凝固后用熔化沥青浇筑封闭伸缩缝。

⑤在伸缩缝的下三角位置，可用边长为30～50 cm长的木板形成木模，此木模用作

排水，填土后即可进行绿化。

⑥喷射应自下而上进行，喷嘴要垂直坡面，并经常保持 1 m 左右的距离。当混凝土厚度大于 7 cm 时，宜分两层喷射。

⑦喷射次数及厚度，应根据岩体风化表面破碎情况而定；一般喷 2~3 次即可，厚度为 1~3 cm（喷浆）或 7~15 cm（喷射混凝土）。

⑧喷射告一段落后，要进行全面检查，如发现空白点或薄层处，应进行补喷。

⑨应采取多种方法保证喷层厚度，如用预嵌标钉、刻槽和激光断面仪等方法检查，每 50 m 长度的边坡，至少应抽检一个断面的上、中、下三处厚度，看其是否符合设计，误差不得大于 10%。

⑩喷射过程中按有关规定留足强度试验试件，喷后 2~3 h 进行养护。养护方法可用麻袋或青草将喷射砂浆或混凝土覆盖，洒水养护，养护时间为 7~10 d。

⑪喷层周边与未防护坡面的衔接应做好防水封闭处理。

（3）喷浆、喷射混凝土防护施工的质量控制与检查

①喷浆、喷射混凝土防护施工前，坡面应稳定、平整、干净，坡面渗水处理工作也应完成，否则不得进行喷浆、喷射混凝土防护施工。

②使用规定的原材料和按规定的方法准备材料。

③喷浆或喷射混凝土前，应按 2~3 m 间距和排距放置排水管形成排水孔，或防护施工完毕后钻凿排水孔。

④确认伸缩缝模板的位置准确后，才能进行防护施工。

⑤材料配比应符合设计要求，并随时检查配比称量和留足试件进行强度试验。

⑥防护施工中，用预嵌标钉、喷层凿取试件等方法标示检查、控制喷层的厚度，并不得有漏喷。

2. 勾缝与灌浆防护

勾缝防护适用于比较坚硬，且裂缝多而细的岩石边坡，能防止水分浸入岩层内造成病害。灌浆防护适用于坚硬，但裂缝较宽和较深的岩石边坡，借砂浆的胶结力，使坡面表层成为一个整体的防水层。

（1）勾缝与灌浆防护的施工流程

勾缝与灌浆防护施工可以按以下步骤进行：清理坡面→拌制砂浆或混凝土→冲洗裂缝→勾缝或灌浆→打磨、抹平→养护。

（2）勾缝与灌浆防护的施工方法

施工前应清除坡面的活岩、虚渣、浮土、草根等杂物，将缝内冲洗干净，并依缝宽和缝深分别按下列要求施工：①较坚硬、不容易风化、裂缝多而细的岩体，宜用勾缝，砂浆应嵌入缝中与岩体牢固结合；②裂缝宽度较大的岩体，宜用砂浆灌缝，可用 1∶4 或 1∶5（质量比）的水泥砂浆捣插密实，必要时可用压浆机灌注，砂浆应灌满至缝口抹平；③裂缝宽而深时，宜用混凝土灌注，混凝土灌满至缝口抹平。

在坡面有渗水、泉水的位置应留排水口，在坡脚每 2～3 m 处也应留一个排水口。排水口的施工是先留一条或几条节理面，长 5 cm 左右，不进行灌浆或勾缝。补缝后 3～5 min 进行打磨、抹平，使表面光滑，并用麻袋或青草将缝覆盖、洒水养护。

（3）勾缝与灌浆防护施工的质量控制与检查

①施工前，坡面应稳定、平整、干净，地下水的处理工作也应完成，否则不得进行勾缝或灌浆施工。

②使用规定的原材料和按规定的方法准备材料。

③灌浆施工过程中，应控制灌浆孔的间距、深度和浆液配比、灌浆压力。

④注意预留排水口。

⑤施工完毕后，必须注意养护。

（三）沿河路基防护施工

沿河路基防护包括坡岸防护、导流构造物防护和其他防护。各种防护都必须加强基础处理和圬工质量，防止水流冲刷和淘空，以保证路基稳定。沿河路基防护工程基础应埋设在局部冲刷线以下不小于 1 m 或嵌入基岩内；导流构造物施工前，应根据现场具体情况采取相应措施，避免冲刷农田、村庄、公路和下游路基。

1. 抛石防护

当水流流速为 3～5 m/s 时，宜采用抛石防护。抛石防护类似于陡坡路堤在坡脚处设置石垛。抛石体边坡坡度和石料粒径应根据水深、流速和波浪情况确定，石料粒径应大于 300 mm，宜用大小不同的石块掺杂抛投。坡度应不陡于抛石石料浸水后的天然休止角。抛石厚度宜为石料粒径的 3～4 倍；用大粒径石料时，抛石厚度不得小于石料粒径的 2 倍。流速大、水位深、波浪高的路段，抛石应采用粒径较大的石块。抛石石料应选用质地坚硬、耐冻且不宜风化的石块。

2.石笼防护

当水流流速大于 5 m/s 或桥孔布设过多压缩河床，造成上游壅水时，宜用石笼防护或设置驳岸、浸水挡土墙等支挡结构物。石笼防护主要用于缺乏大石块的地区，石笼是用铁丝编织成的长方体或圆柱体框架，其内装石料，设置在坡脚处。石笼形状根据设计要求或不同情况和用途选用，笼内填石选用浸水不崩解和不易风化的石料，粒径不宜小于 4 cm，一般为 5~20 cm，外层石料要求有棱角，内层可用较小石块填充。编制石笼时，应注意各部分尺寸正确，以利于石笼与石笼之间紧密连接。用于防止冲刷、淘底的石笼，应与坡脚线垂直，且在堤岸一端固定；用于防止堤岸边坡冲刷的石笼，则垒码平铺成梯形，单个石笼的大小，以不被相应速度的水流冲动为宜，铺设时需用厚 0.2~0.4 m 的碎（砾）石垫层铺平，底层各角可用铁棒固定于基底。

3.浸水挡土墙和土工膜袋防护

浸水挡土墙施工应符合下列规定：①浸水挡土墙应选用坚硬未风化且浸水不崩解的石块；②应注意浸水挡土墙与岸坡的衔接。

土工膜袋防护施工应符合下列规定：①按设计要求整平坡面，放线定位，挖好边界处理沟；②膜袋铺展后应拉紧固定，防止充填时下滑；③充填材料应根据设计要求和实际情况合理选用，充填应连续；④需要排水的边坡，应适时开孔设置排水管；⑤膜袋顶部宜采用浆砌块石固定，有地面径流处，坡顶应采取防护措施，防止地表水侵蚀膜袋底部；⑥岸坡膜袋底端应设压脚或护脚棱体，有冲刷处应采取防冲措施；⑦膜袋护坡的侧翼宜设压袋沟；⑧膜袋与坡面间应按设计要求铺设好土工织物滤层。

（四）路基挡土墙施工

挡土墙是支挡路基填土或山坡土体，以防止其变形失稳的结构物。同时，也是高等级公路重要的结构物。可以利用石料修建干砌或浆砌石料挡土墙（其中砌筑工艺分浆砌、干砌两种。浆砌多用于排水、导流构筑物及挡土墙；干砌多用于河床铺砌、护坡等），也可以利用水泥及钢筋、砂石材料修建毛石混凝土挡土墙或钢筋混凝土挡土墙。

1.挡土墙施工的一般规定

挡土墙施工前，应做好截、排水及防渗设施。在岩体破碎、土质松软或地下水丰富地段修建挡土墙，宜避开雨期施工。明挖基坑应符合下列规定：①施工过程中应对地质情况进行核对，与设计不符时，应及时处理；②基坑开挖宜分段跳槽进行；③坑内积水应随时排干；④采用倾斜基底时，基底标高应按设计控制，不得超挖填补。

基底检验合格后，应及时进行下道工序施工。挡土墙端部伸入路堤或嵌入地层部分应与墙体同时砌筑。挡土墙顶应找平抹面或勾缝，其与边坡间的空隙应用黏土或其他材料夯填封闭。挡土墙与桥台、隧道洞门连接应协调配合施工，必要时应加临时支撑物，确保与挡土墙相接的填方或山体的稳定。

2.重力式挡土墙施工

重力式挡土墙形式简单、取材容易、施工简便，依靠墙身自重可抵御土的压力作用，非地震和河滨、水库受水冲刷地区，可采用干砌，其他情况宜采用浆砌。

（1）基础施工

施工前应将基底表面风化、松软的土石清除，硬质岩石基坑中的基础宜满坑砌筑。若在土质或易风化的软质岩石基坑中砌筑基础时恰逢雨期，应在基坑挖好后及时封闭坑底。当基底设有向内倾斜的稳定横坡时，应采取临时排水措施，辅以必要坐浆后安砌基础。采用台阶式基础时，台阶与墙体应连在一起同时砌筑，基底及墙趾台阶转折处不得砌成垂直通缝，砌体与台阶壁间的缝隙砂浆应饱满。基坑应随砌筑分层回填夯实，并在表面留3%的向外斜坡。

（2）墙身施工

墙身要分层错缝砌筑，砌出地面后基坑应及时回填夯实，并完成其顶面排水、防渗设施。

浆砌施工顺序：以分层进行为原则。较长的砌体除分层外，还应分段砌筑，两相邻段的砌筑高差不应超过1.2 m，分段处宜设置沉降缝或伸缩缝的位置。分层砌筑时，应先角石，后边石或面石，最后腹石。角石填好后向两边的中心进行，然后由边向中。

浆砌片石：可用灌浆法、坐浆法和挤浆法，常以挤浆法为主。砌体外圈定位行列与转角石应选择表面较平、尺寸较大的石块，浆砌时，长短相间并与里层石块咬紧；上下层竖缝错开，缝宽不大于4 cm，分层砌筑应将大块石料用于下层，每处石块形状及尺寸应合适。竖缝较宽者可塞以小石子，但不能在石下用高于砂浆层的小石块支垫。排列时，应将石块交错，坐实挤紧，尖锐凸出部分应敲除。

浆砌块石：多用坐浆法和挤浆法。先铺底层砂浆并打湿石块，安砌底层。分层平砌，大面向下，上下竖缝错开，错缝距离不应小于10 cm，镶面石的垂直缝应用砂浆填补饱满，不能用稀浆灌注。厚大砌体，若不易按石料厚度砌成水平时，可设法搭配成较平的水平层。

浆砌料石：先将砌筑层数计算清楚，选择石料，严格控制平面位置和空间高度。按每块石料厚度分层，层间灰缝应成直线，块间和层间的灰缝应垂直，厚石砌在下面，薄石砌在上面，砌缝应横平竖直，缝宽不超过 2 cm，错缝距离大于 10 cm，里层可用块石砌筑。料石砌筑一般用于修饰整齐美观的挡土墙及路缘、拦河坝等。

错缝：砌体在段间、层间的垂直灰缝互相交错，压叠成不规则的灰缝叫错缝。它们相互间的距离：对于片石和块石，每段上、下层及段间的垂直距离不小于 8 cm；对于粗料石不小于 10 cm；在转角处不小于 15 cm。

通缝：通缝是砌体的水平灰缝，是砌体受力的薄弱环节，其承压能力较好，受剪、抗拉、受扭的能力极差，最容易在此被损坏。砌体对通缝要求较高，不仅要求砂浆饱满、密实，成缝时还不允许有干缝、瞎缝和大缝，对通缝的宽度也有一定的要求。

勾缝：勾缝具有防止有害气体和风、雨、雪等侵蚀砌体内部，延长构筑物使用年限及装饰构筑物外形等作用。在设计无特殊要求时，勾缝宜采用凸缝或平缝。勾缝前，应先清理缝槽，并用水冲洗湿润。勾缝应横平竖直，深浅一致，不应有丢缝、裂纹和黏结不牢等现象。

干砌石料：干砌是不用胶凝材料仅靠石块间的摩擦力和挤压力相互作用使砌体的砌石互相咬紧的施工方法。由于它不用砂浆胶凝，坚固性和整体性较差，操作起来比浆砌困难。在施工中应注意以下几点：①选择的片石要尽量大，铺砌时要大面向下；②错缝要间错咬紧，不得有松动的石块，接触面积要尽可能多，空隙及松动石块间必须用小石块嵌填紧密，但不得在一处集中填塞小碎石块；③要考虑上、下、左、右间的接砌，应修整面石的棱角以利砌筑和美观；④干砌顺序应先中后边，先外后里，并要求外高内低，以防石块下滑；⑤分层干砌应于同一层的每平方米面积内干砌一块直石，以便上、下层咬接。

墙身施工要点：①伸缩缝与沉降缝内两侧壁应竖直、平齐，无搭叠，缝中防水材料应按设计要求施工；②泄水孔应在砌筑墙身过程中设置，确保排水畅通，并应保证墙背反滤、防渗设施的质量；③当墙身的强度达到设计强度的 75%时，方可进行回填等工作。在距墙背 0.5～1 m 以内，不宜用重型振动压路机碾压。

第二章 路面工程施工

第一节 路面工程基本知识

一、路面的概念、结构与分类

(一) 路面的概念

路面是指用各种筑路材料铺筑在道路路基上直接承受车辆荷载的层状构造物。其主要任务是保证车辆快速、安全地行驶，路面除应能够承受交通荷载和自然因素的作用，还要与周围环境相协调。

(二) 路面的结构

道路行车荷载和自然因素的作用一般随路面深度的增加而减弱。为适应这一特点，路面结构也是多层次的，路面结构一般由面层、基层、垫层组成，有的道路在面层和基层之间还设立了一个联结层，如图2-1所示。

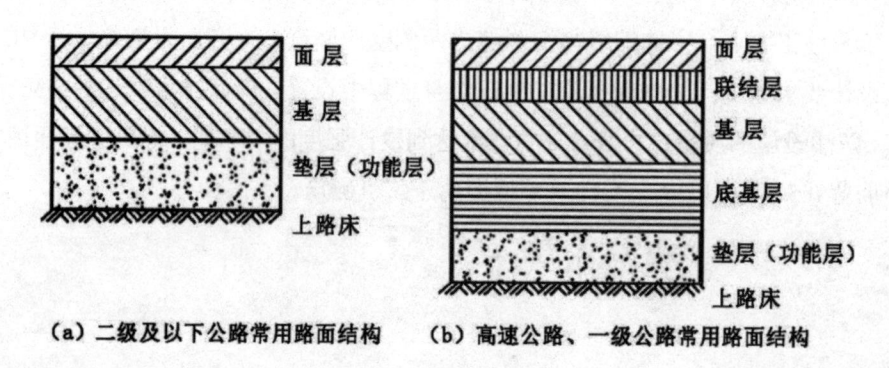

(a) 二级及以下公路常用路面结构　(b) 高速公路、一级公路常用路面结构

图2-1 路面结构示意图

1. 面层

面层位于整个路面结构的最上层，直接承受行车荷载，并受自然因素的影响，因此面层应有足够的强度、刚度和稳定性，另外面层还应有一定的平整度和良好的抗滑性能，以保证车辆安全、平稳地通行。面层通常使用水泥混凝土、沥青混凝土、沥青碎石混合料做铺筑材料，有些道路也用块石、料石或水泥混凝土预制块铺筑道路面层，山区交通量很小的地区也直接用泥灰结碎石或泥结碎石铺筑面层。面层可分层铺筑，称为上面层（表层）、中面层和下面层。

2. 基层

基层是指面层以下的结构层，主要起支撑路面面层和承受由面层传递下来的车辆荷载，因此基层应有足够的强度和刚度。同时，基层也应有平整的表面，以保证面层厚度均匀、平整，其还可能受到地表水和地下水的浸入，所以还应有足够的水稳定性，以防湿软变形而影响路面的结构强度。基层可采用水泥稳定类、石灰稳定类、石灰工业废渣稳定类以及级配碎砾石、填隙碎石或贫混凝土铺筑。当基层较厚时，应分为两层或三层铺筑，下层称为底基层，上层称为基层，中层视材料情况，可称为基层也可称底基层。选择基层材料时，为降低工程成本，应本着因地制宜的原则，尽可能使用当地材料。

3. 垫层

垫层设在土基和基层之间，主要用于潮湿土基和北方地区的冻胀土基，用以改善土基的湿度和温度状况，起隔水（地下水和毛细水）、排水（基层下渗的水）、隔温（防冻胀）以及传递荷载和扩散荷载的作用。垫层材料不要求强度高，但要求水稳性能和隔热性能好，常用的垫层有砂砾、炉渣或卵圆石组成的透水性垫层和石灰土或石灰炉渣土组成的稳定性垫层。

4. 联结层

联结层是指为加强面层和基层的共同作用或减少基层裂缝对面层的影响，而设在基层上的结构层，经常被视为面层的组成部分。联结层一般采用大粒径透水性沥青稳定碎石等材料。

（三）路面的分类

1. 柔性路面

柔性路面是指刚度较小，抗弯拉强度较低，主要靠抗压和抗剪强度来承受车辆荷载的路面，其主要特点是在车辆荷载的作用下竖向弯沉较大，车辆通过时路面各结构层向下传递到路基的压应力较大。

2. 刚性路面

刚性路面是指路面板体刚度大，抗弯拉强度较高的路面，其主要特点是竖向弯沉较小，车辆通过时路面各结构层传递给下层的压应力较柔性路面小得多。

3. 半刚性路面

我国公路科研工作者经过研究和探索，在20世纪90年代初提出了半刚性路面的概念。我国在公路建设中大量使用了水泥稳定类、石灰稳定类和石灰、粉煤灰稳定类材料做基层，这些基层材料随着龄期的增长，其强度和刚度也在缓慢地增长，但这些路面最终的强度和刚度仍远小于刚性路面，其受力特点也不同于柔性路面。以沙庆林院士为首的中国公路路面科研人员，将这些基层称为半刚性路面基层，这些基层加铺沥青面层之后形成的路面，称为半刚性路面。

4. 复合式基层路面

《公路沥青路面施工技术规范》（JTG F40—2004）中提出了混合式基层的概念，即上部使用柔性基层，下部使用半刚性基层的基层称为复合式基层，它是一种处于半刚性基层和柔性基层中间的结构，可以提高柔性路面的承载能力，在此基础上加铺沥青面层之后形成的路面，称为复合式路面。

当前国内大量的公路使用了半刚性基层，半刚性基层的整体性好，但易形成温度裂缝和干缩裂缝，并经反射造成沥青面层开裂，水渗入后在行车荷载的作用下出现唧浆现象，进而形成公路路面的早期损坏。将半刚性基层用作下基层，上覆以柔性基层，不仅可以提高基层的承载力，也可以扩散半刚性基层裂缝产生的水平应力，进而截断反射裂缝向上传递的途径。同时，柔性基层多采用级配碎砾石结构，具有一定的排水功能，进一步完善基层边缘排水设计，应能起到预防路面早期破坏的作用。重交通量和多雨潮湿地区目前已开始混合基层的研究和实践。

二、路面施工的特点和基本要求

路面是直接承受行车荷载的结构，需经受严酷的自然环境和行车荷载的反复作用，因此人们对路面工程也提出了更高的要求。

（一）路面施工的特点

1. 机械化程度高

随着经济的发展，机械制造业也发展迅速，各种类型、各种功能的路面施工机械相继出现，以人工施工为主的路面施工已经转变为以机械化施工为主、人工施工为辅的路面施工。如何更好地发挥机械性能，减轻人工的劳动强度，也是路面工程施工组织的重要内容。

2. 工程数量均匀，容易进行流水作业

一般情况下，一个工程项目路面工程的结构类型和设计厚度是相同的或相近的，除交叉口和收费区范围外，每千米工程数量是均匀的，这使得采取流水作业法安排路面工程施工变得更加容易。

3. 路面施工材质相对比较均匀，更容易控制路面质量

采用细粒土材料进行施工的路面基层与底基层，虽然也采取了因地制宜的原则，用沿线的土进行基层、底基层施工，但相对于土石混合路基工程来讲，土质差别比较小，可以利用塑性指数的差别制定统一的质量控制标准来控制基层质量（如建立相同强度下，塑性指数与灰剂量的关系；或建立相同灰剂量情况下，塑性指数与最大干密度的关系等）。对于采取砂石材料进行施工的路面基层和面层，由于材料的产地相同，材质更加均匀，更容易用同样的质量标准来指导施工。

4. 与桥梁工程、台背回填、防护工程施工相互干扰

在施工进度安排上，因桥梁工程、台背回填、防护工程的滞后影响基层施工时，可采取跳跃施工的方法；当面层开始施工时，应已完成上述工作。

5. 废弃材料处理应环保

处理废弃材料时，应注意不对绿化工程、防护工程和水资源造成污染，必要时应采取环境保护措施。

6. 半刚性基层沥青路面的基层与面层的施工安排

半刚性基层沥青路面的基层与面层宜在同一年内施工，以减少半刚性基层的反射性裂缝和沥青面层的早期损坏。

（二）对路面工程的基本要求

一般来说，不同等级的公路对路面的使用品质有不同的要求，主要表现在一定设计年限内允许通行的交通量和要求道路提供的服务等级。首先，路面在允许通行的交通量的情况下，在设计年限内应保持一定的承载能力和抗疲劳能力；其次，路面在风吹、日晒、雨淋、严寒、酷暑、冻融等复杂自然条件下，在设计年限内应保持一定的稳定性和耐久性；最后就是在设计年限内经过一定的养护管理，路面应具有与公路等级相适应的服务水平，为车辆行驶提供安全可靠、快捷舒适的服务。具体来说，人们对路面工程有以下要求：

1. 具有足够的强度和刚度

路面承受车辆行驶时作用于路面的水平力、垂直力，并伴随着路面的变形（弯沉盆）和车辆的振动，还应承受各种应力，如压应力、弯拉应力、剪应力等。路面的整体或结构的某一部分所受的力超出其承载能力时，就会出现路面病害，如断裂、沉陷等；在动载的不断作用下，进而出现碎裂和坑槽。因此，必须保证路面整体和路面的组成部分具有足够的强度，包括修建路面的原材料，如砂石、水泥等，复合性材料，如水泥混凝土、沥青混凝土和路面结构本身。刚度是指路面抵抗变形的能力，刚度不足时路面在车辆荷载的作用下也会产生变形、车辙、沉陷、波浪等破坏现象，因此路面具有足够的刚度，使路面整体和各组成部分的变形量控制在弹性变形范围内。

2. 具有足够的稳定性

路面结构袒露在自然环境之中，经受水和温度等影响，使其力学性能和技术品质发生变化。路面稳定性包括以下内容：①高温稳定性，在夏季高温条件下，沥青材料如没有足够的抗高温能力，会发生泛油、面层软化，在车辆荷载的作用下产生车辙、波浪和推挤，水泥路面则可能发生拱胀开裂。②低温抗裂性，在冬季低温条件下，路面材料如没有足够的抗低温能力，会出现收缩、脆化或开裂，水泥路面也会出现收缩裂缝。③水温稳定性：路面结构应有一定的防水、抗水或排水能力，否则在水的浸泡作用下，其强度会下降，甚至出现剥离、松散、坑槽等病害。

3. 具有良好的平整度

路面应有良好的平整度，不平整的路面会使车辆颠簸，行车阻力增大，从而影响行车安全和司乘人员的舒适，加剧路面和车辆的损坏。因此，路面应具有与公路等级相适应的平整度。

4. 具有一定的粗糙度和抗滑性

路面表层直接接触车轮，路面表层应有一定的粗糙度和抗滑性，车轮和路面表层间应有足够的附着力和摩擦阻力,保证车辆在爬坡、转弯、制动时车轮不空转或打滑,路面的抗滑性不仅对保证行车安全十分重要,而且对提高车辆的运营效益也有重要的意义。

5.具有耐久性

阳光的暴晒、水分的浸入和空气的氧化作用都会对路面结构和材料产生作用,尤其是沥青材料会老化,并失去原有的技术品质,导致路面开裂、脱落,甚至大面积的毁坏。因此在修筑路面时,应尽可能选用有足够抗疲劳、抗老化、抗变形能力的路用材料,以提高路面的耐久性,延长路面的使用寿命。

6.具有尽可能低的扬尘性

汽车在路面上行驶,车身后及轮胎后产生的真空吸力作用将吸引路面表层或其中的细颗粒而引起尘土飞扬,造成污染并影响行车视距,给沿线居民和农作物造成不良影响,尤其以砂石路面为甚。

7.具有尽可能低的噪声

噪声污染也影响居民的正常生活,穿越居民区的公路路面可采用减噪混凝土,以降低噪声。

三、路面材料

路面工程施工中,材料起着至关重要的作用。路面结构层所用材料应满足强度、稳定性和耐久性等要求。路面施工需用材料广泛,不同材料的物理力学性能也不相同,有些材料适用于路面基层,有些材料适用于路面面层,也有些材料既可用于基层也可用于面层,但技术要求和力学性能指标略有不同,以下对路面工程所用的主要材料的分类和基本要求进行分述。

(一)路面材料的分类

从工程质量控制角度出发,应对集料、结合料质量进行监控,同时也应对路面混合料及辅助材料进行质量监控,只有这样才能更好地保证路面工程质量。

（二）路面材料的基本要求

路面材料种类繁多，需求量大。路面各结构层使用的材料均应满足强度、稳定性和耐久性的要求，以保证路面各结构层的质量。选择路面材料时也应依照因地制宜的原则，但更重要的是各类路面材料必须符合路面各结构层的技术要求。

1.基层、底基层材料

水泥：普通硅酸盐水泥、矿渣硅酸盐水泥和火山灰质硅酸盐水泥均可用作基层结合料，但宜选用终凝时间较长的水泥。

石灰：石灰质量应符合相关规范中的规定。

粉煤灰：粉煤灰中 SO_2、Al_2O_3 和 Fe_2O_3 的总含量应大于 70%，烧失量不宜大于 20%，粉煤灰的比表面积宜大于 2500 cm^2/g。

细粒土：无机结合料稳定的细粒土，其技术要求应符合规定。

中粗粒土：级配碎石、未筛分碎石、砂砾碎石、煤矸石、砂砾土均可作为路面基层材料，其颗粒直径不宜大于 37.5 mm。

集料压碎值：按结构层次和结构类型，高速公路和一级公路一般应不大于 30%，二级公路一般不大于 30%～35%，三级及以下公路一般不大于 35%～40%。

2.沥青面层材料

（1）道路石油沥青

各个沥青等级适用范围应符合的规定：道路石油沥青的质量应符合规范规定的技术要求。经建设单位同意，沥青的 PI 值、60℃动力黏度、10℃延度可作为选择性指标。沥青路面采用的沥青标号，宜按照公路等级、气候条件、交通条件、路面类型及在结构层中的层位、受力特点、施工方法等，结合当地的使用经验，经技术论证后确定。

（2）乳化沥青

乳化沥青适用于沥青表面处置路面、沥青贯入式路面、冷拌沥青混合料路面，修补裂缝，喷洒透层、黏层与封层等。乳化沥青的质量应符合相关规范的规定。乳化沥青类型根据集料品种及使用条件选择。阳离子乳化沥青可适用于各种集料品种，阴离子乳化沥青适用于碱性石料。乳化沥青的破乳速度、黏度宜根据用途与施工方法选择。制备乳化沥青用的基质沥青，对高速公路和一级公路来说，宜符合《公路沥青路面施工技术规范》（JTG F40—2004）中 A、B 级沥青的要求，其他情况可采用 C 级沥青。贮存期以不离析、不冻结、不破乳为度，宜存放在立式罐中，并保持适当搅拌。

（3）液体石油沥青

液体石油沥青适用于透层、黏层及拌制冷拌沥青混合料。根据使用目的与场所，可选用快凝、中凝、慢凝的液体石油沥青，其质量应符合相关规范规定。液体石油沥青宜采用针入度较大的石油沥青，使用前按先加热沥青后加稀释剂的顺序，掺配煤油或轻柴油，经适当的搅拌、稀释制成。掺配比例根据使用要求由试验确定。

（4）煤沥青

道路用煤沥青的标号根据气候条件、施工温度、使用目的选用，其质量应符合相关规范的规定。各种等级公路的各种基层上的透层，宜采用 T-1 或 T-2 级煤沥青，其他等级不符合喷洒要求时可适当稀释使用；三级及三级以下的公路铺筑表面处置或沥青贯入式路面，宜采用 T-5、T-6 或 T-7 级煤沥青；与道路石油沥青、乳化沥青混合使用，以改善渗透性。③道路用煤沥青严禁用于热拌热铺的沥青混合料，做其他用途时的贮存温度宜为 70～90 ℃，且不得长时间贮存。

（5）改性沥青

改性沥青可单独或复合采用高分子聚合物、天然沥青及其他改性材料制作。各类聚合物改性沥青的质量应符合相关规范的规定，当使用其他聚合物及复合改性沥青时，可通过试验研究制订相应的技术要求。改性沥青须在固定式工厂或在现场设厂集中制作，改性沥青的加工温度不宜超过 180 ℃。

（6）粗集料

沥青层用粗集料包括碎石、破碎砾石、筛选砾石、钢渣、矿渣等，但高速公路和一级公路不得使用筛选砾石和矿渣。粗集料必须由具有生产许可证的采石场生产或施工单位自行加工。粗集料应该洁净、干燥，表面粗糙，质量应符合规范的规定。当单一规格集料的质量指标达不到相关规范的要求，而按照集料配合比计算的质量指标符合要求时，工程上允许使用。对受热易变质的集料，宜采用经拌和机烘干后的集料进行检验。粗集料的粒径规格应按照规范的规定选用。破碎砾石应采用粒径大于 50 mm、含泥量不大于 1%的砾石进行轧制，经过破碎且存放期超过 6 个月的钢渣可作为粗集料使用。钢渣在使用前应进行活性检验。要求钢渣中的游离氧化钙含量不大于 3%，浸水膨胀率不大于 2%。

（7）细集料

沥青路面的细集料包括天然砂、机制砂和石屑，其规格应分别符合相关规范要求。

细集料应洁净、干燥、无风化、无杂质，并有适当的颗粒级配。细集料的洁净程度应分别符合相关规范要求。天然砂以小于 0.075 mm 含量的百分数表示，石屑和机制砂以砂当量（适用于 0~4.75 mm）或亚甲蓝值（适用于 0~2.36 mm 或 0~0.15 mm）表示。热拌密级配沥青混合料中天然砂的用量通常不应超过集料总量的 20%，并且是在不得已的情况下经试验论证后才可采用，SMA 和 OGFC 混合料不得使用天然砂。

（8）填料

沥青混合料的矿粉必须以石灰岩或岩浆岩中的强基性岩石等憎水性石料为原料，原石料中的杂质应除净。矿粉应干燥、洁净，能自由地从矿粉仓流出，其质量应符合相关规范的规定。拌和机产生的粉尘严禁回收使用。粉煤灰作为填料使用时，用量不得超过填料总量的 50%，粉煤灰的烧失量应小于 12%，与矿粉混合后的塑性指数应小于 4%，其余质量要求与矿粉相同。高速公路、一级公路的沥青面层不宜采用粉煤灰做填料。

3. 水泥路面材料

（1）水泥

各等级公路均宜优先选用旋窑生产的道路硅酸盐水泥，确有困难时或中轻交通路面可以使用立窑水泥，低温天气施工或有快速通车要求的路段可采用 R 型（早强型）水泥。水泥进场时每批量应附有化学成分、物理、力学指标合格的检验证明。采用机械铺筑时，宜选用散装水泥。散装水泥的夏季出厂温度：南方不宜高于 65 ℃，北方不宜高于 55 ℃；混凝土搅拌时的水泥温度：南方不宜高于 60 ℃，北方不宜高于 50 ℃，且不宜低于 10 ℃。当贫混凝土和碾压混凝土用作基层时，可使用各种硅酸盐类水泥。不掺用粉煤灰时，宜使用强度等级 32.5 级以下的水泥。掺用粉煤灰时，只能使用道路水泥、硅酸盐水泥、普通水泥。水泥的抗压强度、抗折强度、安定性和凝结时间必须检验合格。

（2）粉煤灰及其他掺合料

混凝土路面可掺用质量指标符合表 2-1 规定的电收尘Ⅰ、Ⅱ级干排或磨细粉煤灰，不得使用Ⅲ级粉煤灰。贫混凝土、碾压混凝土基层或复合式路面下面层应掺用符合规定的Ⅱ级或Ⅱ级以上粉煤灰，不得使用等外粉煤灰。粉煤灰宜采用散装灰，进货应有等级检验报告，并了解所用水泥中已经加入的掺合料种类和数值。混凝土路面可使用硅灰或磨细矿渣，使用前应经过试配检验，确保混凝土路面的弯拉强度、工作性、抗磨性、抗冻性等技术指标合格。

表 2-1 粉煤灰分级和质量指标

粉煤类等级	细度（45 μm气流筛，筛余量）/%	烧失量/%	需水量比/%	含水量/%	Cl⁻/%	SO₃/%	混合砂浆活性指数 7 d	混合砂浆活性指数 28 d
Ⅰ	≤12	≤5	≤95	≤1	≤0.02	≤3	≥75	≥85（75）
Ⅱ	≤20	≤8	≤105	≤1	≤0.02	≤3	≥70	≥80（62）
Ⅲ	≤45	≤15	≤115	≤1.5	—	≤3	—	—

（3）粗集料

粗集料应使用质地坚硬、耐久、洁净的碎石、碎卵石和卵石。

用作路面混凝土的粗集料不得使用不分级的统料，应按最大公称粒径的不同采用 2～4 个粒级的集料进行掺配。卵石最大公称粒径不宜大于 19 mm；碎卵石最大公称粒径不宜大于 26.5 mm；碎石最大公称粒径不宜大于 31.5 mm；贫混凝土基层粗集料最大公称粒径不宜大于 31.5 mm；钢纤维混凝土与碾压混凝土粗集料最大公称粒径不宜大于 19 mm。碎卵石或碎石中粒径小于 75 μm 的石粉含量不宜大于 1%。

（4）细集料

细集料应采用质地坚硬、耐久、洁净的天然砂、机制砂或混合砂。混凝土路面所使用的机制砂还应检验砂浆磨光值，其值宜大于 35，不宜使用抗磨性较差的泥岩、页岩、板岩等水成岩类母岩生产机制砂。配制机制砂混凝土应同时掺高效引气减水剂。在河砂资源紧缺的沿海地区，二级及二级以下公路混凝土路面和基层可使用淡化海砂，缩缝加设传力杆的混凝土路面不宜使用淡化海砂，钢筋混凝土及钢纤维混凝土路面不得使用淡化海砂。淡化海砂带入每立方米混凝土中的含盐量不应大于 1 kg，碎贝壳等甲壳类动物残留物含量不应大于 1 kg。

（5）水

饮用水可直接用作混凝土搅拌和养护用水。如果有质疑，检验硫酸盐含量小于 0.0027 mg/mm³，含盐量不得超过 0.005 mg/mm³，pH 值不得小于 4，合格后方可使用。

（6）外加剂

外加剂的产品质量应符合各项技术指标。供应商应提供有相应资质外加剂检测机构的品质检测报告，检验报告应说明外加剂的主要化学成分，认定对人员无毒副作用。引气剂应选用表面张力降低值大、水泥稀浆中起泡容量多而细密、泡沫稳定时间长、不溶残渣少的产品。有抗冰（盐）冻要求地区，各交通等级路面、桥面、路缘石、路肩及贫混凝土基层必须使用引气剂；无抗冰（盐）冻要求地区，二级及二级以上公路路面混凝土中应使用引气剂。各交通等级路面、桥面混凝土宜选用减水率大、坍落度损失小、可调控凝结时间的复合型减水剂。高温施工宜使用引气缓凝（高效）减水剂；低温施工宜使用引气早强（高效）减水剂。选定减水剂品种前，必须与所用的水泥进行适应性检验。处在海水、海风、氯离子、硫酸根离子环境的或冬期洒除冰盐的路面或桥面钢筋混凝土、钢纤维混凝土中宜掺阻锈剂。

（7）钢筋

各交通等级混凝土路面、桥面和搭板所用钢筋网传力杆、拉杆等钢筋应符合国家有关标准的技术要求。所用钢筋应顺直，不得有裂纹、断伤、刻痕、表面油污和锈蚀。传力杆钢筋应锯断，不得挤压切断；断口应垂直、光滑，用砂轮打磨掉毛刺，并加工成2～3 mm圆倒角。

（8）钢纤维

用于公路混凝土路面的钢纤维应满足相关规范的规定，单丝钢纤维抗拉强度不宜小于600 MPa。钢纤维长度应与混凝土粗集料最大公称粒径相匹配，最短长度宜大于粗集料最大公称粒径的1/3；最大长度不宜大于粗集料最大公称粒径的2倍；钢纤维长度与标称值的偏差不应超过±10%。路面混凝土中，宜使用防锈蚀处理的钢纤维和有锚固端的钢纤维，不得使用表面磨损、前后尖端裸露、易导致行车不安全的钢纤维和搅拌易成团的钢纤维。

（9）接缝材料

胀缝板：宜选用适应混凝土面板膨胀和收缩，施工时不变形、弹性复原率高、耐久性好的产品。高速公路、一级公路宜采用塑胶、橡胶泡沫板或沥青纤维板，其他公路可采用各种胀缝板。

填缝材料：填缝材料应具有与混凝土板壁黏结牢固，回弹性好，不溶于水、不渗水，高温时不挤出、不流淌，抗嵌入能力强，耐老化，负温拉伸量大，低温时不脆裂，耐久性好等性能。

四、路面施工的基本方法

路面工程施工的共同点是几乎所有的路面结构（手摆拳石和条石路面等结构除外）都需要拌和混合料、摊铺和压实三道工序，路面工程施工主要有三种方法：人工路拌法、机械路拌法和厂拌机铺法。

（一）人工路拌法

20世纪80年代以前，我国路面工程施工主要采取人工路拌法，即人工摊土（石料），人工拌和，简易机械压实。基层施工主要有人工翻拌法、人工筛拌法等，沥青面层施工主要有沥青贯入式和人工冷拌沥青混合料、人工拌和沥青混合料等。其主要的特点是：用工数量大，劳动强度大，工作效率低，工程质量受人为因素影响大，且质量不稳定，安全生产和防护措施比较严格，安全生产难度大。

（二）机械路拌法

20世纪80年代以后，我国开始引进德国生产的宝马牌路拌机，路面基层施工开始采用以机械路拌法为主的施工方法，其操作是以人工或机械分层摊铺各种路用材料，然后用路拌机械拌和，整形后碾压成形，也是目前路面底基层和二级以下公路路面基层常用的施工方法。其主要特点是：用工数量大大减少，混合料拌和质量较好，但如不严控拌和深度，易出现素土夹层。

对于高速公路和一级公路除直接和土基相邻的路面底基层外，不宜采用机械路拌法施工，而应采取厂拌机铺法施工。

（三）厂拌机铺法

随着高速公路建设的快速发展，无机结合料稳定粒料路面基层得到广泛的应用，这种结构多使用厂拌机铺法，即用专门的厂拌机械拌制混合料，用专门的摊铺机械摊铺路面的施工方法。此外，沥青碎石和沥青混凝土路面的施工，水泥混凝土路面的施工，也采用厂拌机铺法。其主要特点是：机械化程度高，混合料配比准确，厚度控制、高程控制比较直观，但需要大量的自卸运输车辆。

五、路面工程试验路段

在进行大面积施工之前，修筑一定长度的试验路段是很必要的。在高速公路与一级公路的工程实践中，施工单位通过修筑试验路段，进行施工优化组合，把施工中存在的问题找出来，并采取措施予以克服，提出标准的施工方法和施工组合，并用来指导大面积施工，从而使整个工程施工质量高、进度快。

修筑试验路段的任务包括：检验拌和、运输、摊铺、碾压、养护等拟投入设备的可靠性；检验混合料的组成设计是否符合质量要求及各道工序的质量控制措施；提出用于大面积施工的材料配比和松铺系数；确定每一作业段的合适长度和一次铺筑的合理厚度；对于沥青混合料还应提出施工温度的保障措施，水泥稳定类混合料还应提出在延迟时间内完成碾压的保证措施等；最后提出标准施工方法。标准施工方法主要内容应包括：集料与结合料数量的控制与计量方法；摊铺方法；合适的拌和方法，拌和深度、拌和速度、拌和遍数；混合料最佳水量控制方法；沥青混合料油石比的控制方法；整平和整形的合适机具与方法；平整度及厚度的控制方法；压实机械的组合，压实顺序、速度和遍数；压实度的检查方法和对比试验；机械的选型与配套；自卸车辆与摊铺机械的配合等。

第二节 路面基层施工

一、路面粒料基层施工

（一）粒料分类及适用范围

1.分类

嵌锁型：包括泥结碎石、泥灰结碎石、填隙碎石等。

级配型：包括级配碎石、级配砾石、符合级配的天然砂砾，以及部分砾石经轧制掺配而成的级配砾、碎石等。

2.适用范围

粒料的适用范围：①级配碎石可用于各级公路的基层和底基层。②级配碎石、级配砾石以及符合级配、塑性指数等技术要求的天然砂砾，可适用于轻交通的二级和二级以下公路的基层以及各级公路的底基层。③填隙碎石可用于各等级公路的底基层和二级以下公路的基层。

（二）对原材料的技术要求

各类基层、底基层的集料压碎值应符合相关的规定。

填隙碎石的单层铺筑厚度宜为 10～12 cm，最大粒径宜为厚度的 0.5～0.7 倍。用作基层时，最大粒径不应超过 53 mm；用作底基层时，最大粒径不应超过 63 mm。填隙料可用石屑或最大粒径小于 10 mm 的砂砾料或粗砂，主骨料和填隙料的颗粒组成可参照有关规范的规定。

级配碎石宜用几种粒径不同的碎石和石屑掺配拌制而成，其粒料的级配组成应符合相应的试验规程的要求，且级配应接近圆滑曲线。用于底基层的未筛分碎石的级配，宜符合相应的试验规程的要求。级配碎石用作基层时，其压实度不应小于 98%；用作底基层时，其压实度不应小于 96%。

级配砾石或天然砂砾用作基层或底基层，其颗粒组成应符合相应的试验规程的要求，且级配宜接近圆滑曲线。级配砾石或天然砂砾用作基层时，其重型击实标准的压实度不应小于 98%，CBR 值不应小于 60%；用作底基层时，其重型击实标准的压实度不应小于 96%，轻交通道路的 CBR 值不应小于 40%，中等交通道路的 CBR 值不应小于 60%。

二、路面沥青稳定碎石基层施工

（一）沥青稳定碎石基层分类及适用范围

1.分类

沥青稳定基层可分为热拌沥青碎石、沥青贯入式碎石、乳化沥青碎石混合料等。

2.适用范围

沥青稳定碎石基层的适用范围：①热拌沥青碎石适用于柔性路面上基层及调平层；②沥青贯入式碎石可铺设在沥青混凝土与粒料基层之间作土基层，此时应不撒封层料，也不做上封层；③乳化沥青碎石混合料适于各级公路调平层。

（二）对原材料的技术要求

沥青层的沥青材料、集料应符合《公路沥青路面设计规范》(JTG D50—2017)和《公路沥青路面施工技术规范》(JTG F40—2004)的有关规定及对各类沥青路面材料的要求。

（三）热拌沥青碎石施工的一般要求

按施工规范要求做好各项施工准备工作。按施工规范规定的步骤进行热拌沥青碎石的配合比设计，这些步骤包括目标配合比设计阶段、生产配合比设计阶段、生产配合比验证阶段。配合比设计采用马歇尔试验设计方法。

三、路面无机结合料稳定基层施工

（一）无机结合料稳定（半刚性）基层分类及适用范围

1.分类

水泥稳定土：包括水泥稳定级配碎石、未筛分碎石、砂砾、碎石土、砂砾土、煤矸石、各种粒状矿渣等。

石灰稳定土：包括石灰稳定级配碎石、未筛分碎石、砂砾、碎石土、砂砾土、煤矸石、各种粒状矿渣等。

石灰工业废渣稳定土：可分为石灰粉煤灰类与石灰其他废渣类两大类。除粉煤灰外，可利用的工业废渣包括煤渣、高炉矿渣、钢渣（已经过崩解达到稳定）及其他冶金矿渣、煤矸石等。

2.适用范围

水泥稳定土：适用于各级公路的基层和底基层，但水泥稳定细粒土不能用作二级和二级以上公路高级路面的基层。

石灰稳定土：适用于各级公路的底基层以及二级和二级以下公路的基层，但石灰土不得用作二级公路的基层和二级以下公路高级路面的基层。

石灰工业废渣稳定土：适用于各级公路的基层和底基层，但二灰土和二灰砂不得用作二级和二级以上公路高级路面的基层。

（二）对原材料的技术要求

水泥：普通硅酸盐水泥、矿渣硅酸盐水泥和火山灰质硅酸盐水泥均可做结合料，但应是初凝时间 3 h 以上和终凝时间较长（宜在 6 h 以上）的水泥。

石灰：石灰质量应符合相关规定的Ⅲ级以上消石灰或生石灰的技术指标。应检验石灰的有效氧化钙和氧化镁含量。

粉煤灰：粉煤灰中 SO_2 和 Fe_2O_3 的总含量应大于 70%，烧失量不宜大于 20%，比表面积宜大于 2 500 cm²/g（或 90%通过 0.3 mm 筛孔，70%通过 0.075 mm 筛孔）。

集料：要满足级配要求的规定。无机结合料稳定细粒土应符合相关的要求。水泥稳定类材料的压实度（按重型击实标准）及 7 d（在非冰冻区 25 ℃、冰冻区 20 ℃的条件下湿养 6 d、浸水 1 d）龄期的无侧限抗压强度应满足相关要求。

水泥剂量：应通过配合比设计试验确定，但设计水泥剂量宜按配合试验确定的剂量增加 0.5%～1%，对集中厂拌法宜增加 0.5%，对路拌法宜增加 1%。当水泥稳定中、粗粒土做基层时，应控制水泥剂量不超过 6%。采用水泥稳定碎石土、砾石土或含泥量大的砂、砂砾时，宜掺入一定剂量的石灰进行综合稳定，当水泥用量占结合料总量的 30%以上时，应按水泥稳定类进行设计，否则按石灰稳定类设计。当水泥稳定粒径均匀且不含或含细料很少的砂砾、碎石时，宜在集料中添加 20%～40%的粉煤灰或添加剂量为 10%～12%的石灰土进行综合稳定。石灰、粉煤灰稳定类材料的压实度（按重型击实标准）及 7 d（在非冰冻区 25℃、冰冻区 20℃条件下湿养 6d、浸水 1 d）龄期的无侧限抗压强度应满足相关的要求。

（三）其他要求

为提高石灰、粉煤灰稳定土的早期强度，宜在混合料中掺入 1%～2%的水泥。石灰稳定土用于基层时，颗粒的最大粒径不应超过 37.5 mm；用于高速公路和一级公路的底基层时，颗粒的最大粒径不应超过 37.5 mm；用于其他等级公路的底基层时，颗粒的最大粒径不应超过 53 mm。

不含黏土的砂砾、级配碎石和未筛分碎石，应采用石灰土稳定，石灰土与集料的质量比宜为1∶4，集料应具良好的级配。石灰稳定土的压实度（按重型击实标准）及 7 d（在非冰冻区 25 ℃、冰冻区 20 ℃的条件下湿养 6 d、浸水 1 d）龄期的无侧限抗压强度应满足相关的要求。

第三节　路面工程施工质量监督

一、路面基层（底基层）施工质量重点监控点

路拌法施工时，路面基层（底基层）应着重监控以下要点：①原材料的松铺厚度和摊铺的均匀程度，原材料包括土、碎石以及水泥、石灰、粉煤灰等结合料剂量的控制方法，保证配合比准确性的措施，EDTA 滴定试验；②原材料的含水量检验；③拌和深度的控制方法，防止出现夹层的措施，拌和均匀性的检查；④高程与横坡度的施工控制；⑤压实机械的组合形式、碾压方法、碾压遍数和压实度的质量检验；⑥接头部位的处理；⑦保湿养护；⑧水泥稳定类延迟时间的控制；⑨未成型基层的交通管制。

厂拌法施工时，路面基层（底基层）应着重监控以下要点：①原材料质量，料场硬化，不同规格的石料隔离措施；②拌和机配合比的准确性；③各种原材料的含水量检测和拌和加水量的调整；④装运、卸料、摊铺过程中防止混合料离析的措施；⑤摊铺过程中的平整度控制，纵横向接缝的施工方法，联机摊铺时的相互配合；⑥碾压与养护；⑦施工便道畅通，保护未成型路段。

二、沥青类路面施工质量重点监控点

①沥青的标号、质量指标及其适用的环境；乳化沥青的质量指标和其基质沥青的质量状况。

②石料的强度，石料与沥青的黏附性，粗集料的颗粒形状、耐磨性能、压碎值等。

③拌和机的结构与性能，其与工程要求的适应程度。

④配合比的检查与监控，沥青用量的检测。

⑤温度监控，包括沥青加热温度、石料加热温度、混合料出厂温度、摊铺温度、初压和终压温度的监控。

⑥防止混合料离析的措施。

⑦摊铺机与自卸汽车的配合。

⑧摊铺厚度的施工控制。

⑨纵横向接缝的处理。

⑩养护和交通管制。

三、水泥类路面施工质量重点监控点

①水泥、石料、砂的质量指标应满足要求。

②搅拌机的性能，包括产量、搅拌均匀性、配合比的准确性应满足要求。

③配合比的准确性检查、和易性检查，试件制作和强度试验。

④摊铺、振捣、饰面等的控制，拉杆、传力杆的设置。

⑤防止和避免混凝土离析的措施。

⑥模板架设的顺直度，相邻模板的高差，模板架设的牢固程度，拆模时对路面板的保护措施。

⑦胀缝制作。

⑧切缝方法、切缝时间和填缝。

⑨养护和交通管制。

第四节 路面工程质量通病

一、无机结合料稳定基层裂缝

（一）原因分析

①混合料中石灰、水泥、粉煤灰等含量偏高；集料级配中细料偏多，或石粉中性指数偏大。
②碾压时混合料含水量偏高。
③成型温度较高，强度形成较快。
④碎石中含泥量较高。
⑤路基沉降尚未稳定或路基发生不均匀沉降。
⑥养护不及时、缺水或养护时洒水量过大。
⑦混合料拌和不均匀。

（二）预防措施

1. 石灰稳定土基层裂缝的主要防治方法
①改善施工用土的土质，采用塑性指数较低的土或适量掺加粉煤灰。
②掺加粗粒料，在石灰土中适量掺加砂、碎石、碎砖、煤渣及矿渣等。
③保证拌和遍数。控制压实含水量，需要根据土的性质采用最佳含水量，避免含水量过高或过低。
④铺筑碎石过渡层，在石灰土基层与路面间铺筑一层碎石过渡层，可以有效避免裂缝。
⑤分层铺筑时，在石灰土强度形成期，任其产生收缩裂缝后，再铺筑上一层，可有效减少新铺筑层的裂缝。
⑥设置伸缩缝。在石灰土层中，每隔 5～10 m 设一道缩缝。

2. 水泥稳定土基层裂缝的主要防治方法
①改善施工用土的土质，采用塑性指数较低的土或适量掺加粉煤灰或砂。
②控制压实含水量，需要根据土的性质采用最佳含水量，避免含水量过高或过低。

③在能保证水泥稳定土强度的前提下,尽可能采用低的水泥用量。
④要一次成型,尽可能采用慢凝水泥,加强对水泥稳定土的养护,避免水分过快挥发。
⑤设计合理的水泥稳定土配合比,加强拌和,避免出现粗、细料离析和拌和不均匀现象。

（三）治理措施

①可采用聚合物加特种水泥压力注入法修补水泥稳定土基层裂缝。
②加铺高抗拉强度的聚合物网。
③破损严重的基层,应将原破损基层整幅开挖维修,不应横向局部或一个单向车道开挖,以避免板边受力产生的不利后果,最小维修长度一般为 6 m。维修半刚性基层所用材料也应是同类半刚性材料。
④一般情况下,石灰土被用于底基层时,根据其干缩特性,应重视初期养护,保证基层表面处于潮湿状态,防止干晒。在石灰稳定土施工结束后,要及早铺筑面层,使基层含水量不发生大的变化,以减少干缩裂隙。

二、沥青混凝土路面不平整

（一）原因分析

①路面不均匀沉降。
②基层不平整对路面平整度的影响。
③桥头、涵洞两端及桥梁伸缩缝的跳车。
④路面摊铺机械及施工水平对路面平整度的影响。
⑤面层摊铺材料的质量对路面平整度的影响。
⑥碾压对路面平整度的影响。

（二）预防措施

①在使用摊铺机及找平装置前,应仔细设置和调整,使其处于良好的工作状态,并根据实铺效果进行随时调整。

②现场应设置专人指挥运输车辆，以保证摊铺机的均匀连续作业，摊铺机不得在中途停顿，不得随意调整摊铺机的行驶速度。

③路面各个结构层的平整度应严格控制，严格工序间的交验制度。

④针对混合料中沥青性能特点，确定压路机的机型及重量，并确定施工的初次碾压温度，合理选择碾压速度，严禁在未成型的油面表层急刹车和快速起步，并选择合理的振频、振幅。

⑤在摊铺机前设专人清除掉在"滑靴"前的混合料及摊铺机履带下的混合料。

⑥为保证构造物伸缩缝与沥青路面衔接部位的牢固及平顺，先摊铺沥青混凝土面层，再做构造物伸缩缝。

⑦做好沥青混凝土路面接缝施工。

（三）治理措施

在摊铺层表面有个别超尺寸颗粒，被熨平板带动而在层面划出不规则的小沟，或在摊铺层表面有少数超尺寸颗粒因被熨平板带动而在其后形成小坑洞。处理方法：采用人工及时用适量的细骨料沥青混合料进行填补，并及时碾压整平。

摊铺机后局部一片或一条较宽的带内沥青混合料中的大碎石被压碎。处理方法：采用人工及时把被压碎的碎石混合料铲除，选用合适的沥青混合料补齐和整平。

表面层混合料有离析现象（大料集中）。处理方法：采用人工及时补撒适量的细骨料沥青混合料。

三、沥青混凝土路面接缝

（一）原因分析

1. 横向接缝

①采用平接缝，边缘未处理成垂直面。采用斜接缝时，施工方法不当。

②新旧混合料的黏结不紧密。

③摊铺、碾压方法不当。

2.纵向接缝

造成沥青混凝土路面纵向接缝的主要原因是施工方法不当。

（二）预防措施

1.横向接缝

尽量采用平接缝。将已摊铺的路面尽头边缘在冷却但尚未结硬时锯成垂直面，并与纵向边缘成直角，或趁其未冷透时用凿岩机或人工垂直刨除端部层厚不足的部分。采用斜接缝时，注意搭接长度，一般为 0.4～0.8 m。

预热软化已压实部分路面，加强新旧混合料的黏结。摊铺机起步速度要慢，并调整好预留高度摊铺结束后立即碾压，压路机先进行横向碾压（从先铺路面上跨缝开始，逐渐移向新铺面层），再纵向碾压成为一体，碾压速度不宜过快。同时也要注意碾压的温度符合要求。

2.纵向接缝

尽量采用热接缝施工，采用两台或两台以上摊铺机梯队作业。当半幅路施工或因特殊原因而产生纵向冷接缝时，宜加设挡板或加设切刀切齐，也可在混合料尚未冷却前用镐刨除边缘毛缝。铺另半幅路前必须将缝边缘清扫干净，并涂洒少量黏层沥青。

将已摊铺混合料留 10～20 cm 暂不碾压，作为后摊铺部分的高程基准面，待后摊铺部分完成后一起碾压。纵缝如为热接缝时，应以 1/2 轮宽进行跨缝碾压；纵缝如为冷接缝时，应先在已压实路上行走，只压新铺层的 10～15 cm，随后将压实轮每次再向新铺面移动 10～15 cm。碾压完成后，用 3 m 直尺检查，用钢轮压路机处理棱角。

（三）治理措施

接缝处理不好常容易产生的缺陷是接缝处下凹或凸起，以及由于接缝压实度不够和结合强度不足而产生裂纹甚至松散。施工时应边压边以 3 m 直尺测量，并配以人工细料找平。对横向接缝，在摊铺层施工结束后再用 3 m 直尺检查端部平整度，遇到不符合要求的地方应趁混合料尚未冷却时立即处理，即以摊铺层面直尺脱离点为界限，用切割机切缝挖除。

四、水泥混凝土路面裂缝

（一）原因分析

1. 横向裂缝

①混凝土路面切缝不及时，由于温缩和干缩发生断裂。混凝土连续浇筑长度越长，浇筑时气温越高，基层表面越粗糙越易断裂。

②切缝深度过浅，混凝土内应力没有释放，在邻近缩缝处产生新的伸缩缝。

③混凝土路面基础发生不均匀沉陷（如穿越河道、沟槽，拓宽路段处），导致板底脱空而断裂。

④混凝土路面板厚度与强度不足，在行车荷载和温度的作用下产生强度裂缝。

⑤水泥干缩性大；混凝土配合比不合理，水灰比大；材料计量不准确；养护不及时。

⑥混凝土施工时，振捣不均匀。

2. 纵向裂缝

①路基发生不均匀沉降，如由于纵向沟槽下沉、路基拓宽部分沉陷、路堤一侧积水、排灌等导致路基基础下沉，板块脱空而产生裂缝。

②由于基础不稳定，在行车荷载和水、温度的作用下，产生塑性变形或者由于基层材料水稳性不好，产生湿软膨胀变形，导致各种形式的开裂，纵缝也是其中一种破坏形式。

③混凝土板厚度与基础强度不足产生的荷载型裂缝。

3. 龟裂

①混凝土路面浇筑完成后，表面没有及时覆盖，在炎热或大风天气，表面游离水分蒸发过快，混凝土体积急剧收缩，导致路面开裂。

②混凝土拌制时水灰比过大；模板与垫层过于干燥，吸水量大。

③混凝土配合比不合理，水泥用量和砂率过大。

④混凝土表面过度振捣或抹平，使水泥和细集料过多地上浮至表面，导致路面缩裂。

（二）预防措施

1. 横向裂缝

①当连续浇捣长度很长，切缝设备不足时，可在 1/2 长度处先锯，之后再分段锯；可间隔几十米设一条压缝，以减少收缩应力的积聚。

②保证基础稳定、无沉陷。在沟槽、河道回填处必须按规范施工。

③混凝土路面的结构组合与厚度设计应满足交通需要，特别是重车、超重车较多的路段。

④选用干缩性较小的硅酸盐水泥或普通硅酸盐水泥。严格控制水泥用量，保证计量准确，并及时养护。

⑤混凝土施工时，振捣要适度、均匀。

2. 纵向裂缝

①对于填方路基，应分层填筑、碾压，保证均匀、密实。

②对新旧路基界面处的施工应设置台阶或格栅，以保证路基衔接部位的严格压实，防止相对滑移。

③河道地段，淤泥必须彻底清除；沟槽地段，应采取措施保证回填材料有良好的水稳性和压实度，以减少沉降。

④在上述地段应采用半刚性基层，并适当增加基层厚度；在拓宽路段应加强土基，使其具有略高于旧路的强度，并尽可能保证有一定厚度的基层能全幅铺筑；在容易发生沉陷地段，混凝土路面板应铺设钢筋网或改用沥青路面。

⑤混凝土路面板厚度与基层结构应按现行规范设计，以保证应有的强度和使用寿命。基层必须稳定。宜优先采用水泥、石灰稳定类基层。

3. 龟裂

①在混凝土路面浇筑完成后，及时用潮湿材料覆盖，认真浇水养护，防止强风和暴晒。在炎热季节，必要时应搭棚施工。

②配制混凝土时应严格控制水灰比和水泥用量，选择合适的粗骨料级配和砂率。

③在浇筑混凝土路面时，将基层和模板浇水湿透，避免吸收混凝土中的水分。

④干硬性混凝土采用平板振动器时，应防止过度振捣而使砂浆积聚表面。砂浆层厚度应控制在 2~5 mm 范围内。抹面时不必过度抹平。

（三）治理措施

1.横向裂缝

当板块裂缝较大，咬合能力严重削弱时，应局部翻挖修补，先沿裂缝两侧一定范围画出标线，最小宽度不宜小于 1 m，标线应与中线垂直，然后沿缝锯齐，凿去标线间的混凝土，浇捣新混凝土。

整块板更换。用聚合物灌浆法封缝或沿裂缝开槽嵌入弹性或刚性黏合修补防水材料，起封缝防水作用。

2.纵向裂缝

如由于土基沉陷等引起的，则宜先从稳定土基着手或者等待土基自然稳定后，再着手修复。在过渡期可采取一些临时措施，如封缝防水；严重影响交通的板块，挖除后可用沥青混合料修复。

修复裂缝时，采用一般性的扩缝嵌填或浇筑专用修补剂会有一定效果，但耐久性不易保证；采用扩缝加筋的办法进行修复具有较好的效果。

翻挖重铺是一个常用的有效措施，但基层必须稳定可靠，否则必须首先从加强、稳定基层方面入手。

3.龟裂

如混凝土在初凝前出现龟裂，可采用镘刀反复压抹或重新振捣的方法来消除，再加强湿润覆盖养护。一般对结构强度没有影响，可不予处理。必要时采用注浆法进行表面涂层处理，封闭裂缝。

五、水泥混凝土路面断板

1.原因分析

①混凝土板的切缝不及时，切缝深度不够，以及压缝距离过大。

②车辆过早通行。

③原材料不合格。

④由于基层材料的强度不足，水稳性不好，以致受力不均，出现应力集中而导致开裂断板。

⑤基层标高控制不严，基层不平整。

⑥混凝土配合比不当。
⑦施工工艺不当。
⑧边界原因。

2.预防措施

①做好压缝并及时切缝。
②控制交通车辆。
③合格的原材料是保证混凝土质量的必要条件。
④强度、水稳性、基层标高及平整度的控制。
⑤施工工艺的控制。
⑥边界影响的控制。

3.治理措施

（1）局部修补

对轻微断裂，裂缝较宽且有轻微剥落的断板，应按裂缝两侧至少各20 cm的宽度放样，按画线范围开凿成深至板厚一半的凹槽，此凹槽底部裂缝应与中线垂直，刷洗干净凹槽，在凹槽底部裂缝的两侧用冲击钻离中线沿平行方向，间距为30~40 cm，打眼贯通至板厚达基层表面，然后再清洗凹槽和孔眼，在孔眼安设采用22螺纹钢筋制作的Ⅱ型钢筋，钢筋安设完成后，用高等级砂浆填塞孔眼至密实，最后用与原路面相同等级的快凝混凝土浇筑至路面齐平。

较为彻底的办法是将凹槽凿至贯通板厚，在凹槽边缘两侧板厚中央打洞，深10 cm，直径为4 cm，水平间距为30~40 cm。先将每个洞周围润湿，插入一根直径为18~20 mm、长约20 mm的钢筋，然后用快凝砂浆填塞捣实，待砂浆硬后浇筑快凝混凝土，打夯捣实至路面齐平即可。

（2）整块板更换

对于严重断裂，裂缝处有严重剥落，板被分割成3块以上，有错台或裂块并且已经开始活动的断板，应采用整块板更换的措施。

由于基层强度不足或渗水软化，以及路基不均匀沉降，造成混凝土板断裂成破碎板或严重错台时，应将整块板凿除，在处置好基层以及路基后，重新铺筑新的混凝土板，或采用混凝土预制块或条块石进行换补。对于路基稳定性差，沉降没有完全结束的段落，建议采用预制块换补断板。对基层也要求采用水泥稳定层。修补块的缝隙宜用水泥砂浆或沥青橡胶填满，以防渗水破坏。

第三章　交通设施施工

第一节　交通标志与标线施工

公路上的交通标志与标线是为道路使用者提供相关信息而设置的，应确保所传递的信息能最大限度地为道路使用者接受和理解，从而减少交通事故的发生和避免道路使用者在道路上迷失方向。由此可见，公路上的交通标志与标线是交通安全管理上必不可少的设施，对交通安全起着重要的作用。

交通标志与标线的有效性取决于目标显示度、易读性、公认度三方面。原则上要求标志与标线在夜间能具有和白天一样的可见性。标志与标线施工质量的好坏，不仅影响道路环境的美观，而且对其是否能充分发挥出使用功能起着决定性的作用。

一、视线诱导标志施工

视线诱导标志是指沿车道两侧设置的，用以指示道路方向、车行道边界及危险段位置的设施的总称。

（一）一般要求

视线诱导设施属最后装饰性设施，一般在路面施工完成后进行。

附着于护栏上的视线诱导设施，可在护栏安装过程中或在护栏安装完成后进行，但立柱安装的混凝土基础也可提前施工，但必须控制好标高。附着于护栏或其他构造物上的视线诱导设施，一般是在护栏安装后进行的。安装太早，特别在公路还没有完全封闭或没有正式移交给管理部门以前，这种设施很容易遭到破坏。

安装前，应对全线视线诱导设施的埋设条件、位置、数量进行核对，并做出详细的施工组织设计。

（二）放样

轮廓标应按设计图要求定位。附着于护栏上的轮廓标，可按立柱间距定位。分、合流诱导标和线形诱导标均应按设计图量距定位。

（三）混凝土基础

埋设于土中的轮廓标或诱导标均应浇筑混凝土基础。混凝土基础的施工应按设计图规定的尺寸定位、挖基。在浇筑混凝土基础前，基坑要进行整治，基底要压实，按规定绑扎钢筋，钢筋的规格、尺寸应符合设计规定。当满足规定后，先浇筑一层片石混凝土，厚度不应小于 20 cm；接着在片石混凝土上支模板，测定模板顶部的标高。当立柱与混凝土基础需浇在一起时，则可将立柱放入模板中，固定就位后，即可浇筑混凝土基础。有关混凝土材料、拌和物的质量等要求应符合有关规定。混凝土基础浇筑完成后，应采取正常的养护措施，直到混凝土达到规定的强度。

（四）安装

柱体式轮廓标，可在混凝土基础的预留主穴中安装，轮廓标柱体应垂直于地平面，柱体与混凝土基础之间用螺栓连接，其设置高度（指反射器的中心高度）应与附着式轮廓标的高度大致相同。三角形柱体的顶角平分线应垂直于道路中心线，在曲线上安装时，三角形顶角平分线应对向圆心。

由于基础位置处于路面边缘，要求基坑开挖后应在 24 h 内完成混凝土基础浇筑。附着于各类构造物上的轮廓标，按照放样确定的位置进行安装。可根据不同构造物，选择合适的支架和紧固件。轮廓标反射器的安装角度应符合设计要求。

分、合流诱导标和线形诱导标应在混凝土基础达到设计强度的 80% 以上方可进行安装，当诱导标附着于护栏立柱上时，应先对立柱的位置、垂直度进行检查，达到要求后，才能安装诱导标的面板。采用抱箍和滑动螺栓把诱导标固定在立柱上。面板应尽量与驾驶员视线垂直，安装高度应满足设计要求，安装过程中应保持面板的平整度。

二、交通标志施工

交通标志可分为警告标志、禁令标志、指示标志和指路标志四种，其设置形式分为柱式（单柱式与双柱式）、悬臂式、门式、附着式。

交通标志施工包括标志的制作、标志的安装以及施工控制。

（一）标志的制作

交通标志的形状、图案、颜色应符合《道路交通标志和标线》（GB 5768—2009）的规定。指路标志的汉字必须采用黑体 28 号字体，阿拉伯数字也应符合《道路交通标志和标线》（GB 5768—2009）的规定，不允许采用其他字体。

标志的边框外缘应有衬底色。如警告标志一般为黄色，禁令标志一般为白色，一般道路的指路标志为蓝色，高速公路的指路标志为绿色。警告标志边长为 1 100 mm，禁令标志直径为 1 000 mm，衬底边的宽度为 8 mm。

在不降低标志结构强度的前提下，为了方便标志板的制作，对警告标志、禁令标志和指示标志的底板，可不做卷边加固处理。制作标志板的铝合金板厚度，如果受其他因素的影响，也可采用比设计图规定稍厚的板；标志板的结构刚度不允许降低；标志板的总质量不允许出现对标志结构的力学性能计算不利的情况。

标志板与活动滑槽、卷边加固件的连接：在保证连接强度和标志板面平整，不影响贴反光膜的前提下可采用铆焊或点焊。标志板的外形、尺寸：标志板的 4 个端面应互相垂直，其不垂直度不应大于±20°；其长度和宽度的允许偏差为 0.5%。

对于大型指路标志，考虑到在制造、运输、安装过程中的困难，宜采用拼接的方法来解决。

（二）标志的安装

标志安装位置、结构、板面应与设计图相符。只有当混凝土基础达到设计强度后，才允许承受全部计算荷载。路侧设置的标志和悬空标志均应符合《道路交通标志和标线》（GB 5768—2009）和施工规范的要求。

路侧设置的标志，标志板内缘距路缘石为 50 cm；悬臂或门架设置的标志，标志板下端距路面的净空高度不得小于 5 m。所有标志立柱都应焊接柱幅，柱帽用钢板冲压而成。

标志板在运输、吊装过程中应避免板体反光膜的损伤。标志板平面翘曲的允许误差为±3 mm/m。立柱安装后应与地面垂直,其弯曲度不得大于±2 mm/m。

(三)施工控制

使用的材料应符合设计及规范要求,并且要得到监理部门的认可。

运到现场的反光标志膜的标志,不得有皲裂裂纹、明显的划痕及明显的颜色不均匀。反光膜在任何一处 10 cm×10 cm 的表面上存在两个或两个以上面积大于 1 mm² 的气泡时,不得安装。

标志板面要保证 4 个单面垂直,其不垂直度不应大于±2°,不允许有超过规范要求±3mm/m 的翘曲。要对板面内的符号、字体、尺寸进行严格检查。

对于标志基础,由于有些标志立于回填的边坡上,因此要保证基础开挖后的基坑四周土不被扰动。在混凝土基础浇筑过程中要注意混凝土的捣实,以保证混凝土的质量,并且要保证预埋件不被移动。

标志在安装过程中,要对已完工程进行保护,同时标志处的路缘石、路面等要用保护物进行覆盖,以免引起污染和损坏。

安装前运到现场的立柱,要认真检查其内外径尺寸,镀锌层质量及厚度,要保证立柱外观镀锌或喷涂均匀,不要有花斑现象。

在安装过程中要检查板面与水平轴或垂直轴的旋转角度,以及板面与道路的间距尺寸。若不符合要求,要及时调整。

三、标线施工

标线与道路标志共同对驾驶员指示行驶位置、前进方向以及有关限制,具有引导并指示驾驶员有秩序地安全行驶的重要作用。常见的标线有车道线、停车线、人行横道线、导向箭头、分车线、路面边缘线、停车道范围、渠化(导流)划线等。所有这些组织交通的线条、箭头、文字或图案的颜色,原则上以白色为主,禁止超车等禁令标线主要用黄色。

路面标线的施工有其特殊性,因此选择适合的标线材料及施工机具、方法是很必要的。

只有把涂料涂敷在路面上才能有效地发挥作用。涂料的发展与涂敷技术的革新是分不开的，正是涂敷技术的进步，才使得一些特殊的涂料得到设计和应用。

我国现采用的标线材料有油漆和热塑两种，油漆标线用于车行道边缘线和收费站标线等。热塑标线用于永久性的车道分界线、横向标线、导流标线、出入口标线和车道导向箭头等。

（一）一般要求

标线材料：必须提供足够的样品用于试验检验，当检验合格后，监理工程师予以书面批准后方能使用。

标线位置：应明确是以路中心线为基准线，还是以其他参照物为准（如护栏、大方砖边、路边等）。对于人字线，在画线前应用粉笔按设计图在路面放大样图，经驻地监理工程师确认其符合设计要求后，方可开始施工。施工前应认真检查施工设备，尤其是热塑线的施工，要保证设备不发生泄漏现象，玻璃珠能均匀撒布。对热塑线的施工，要注意材料的加热温度，并避免在已完工的路面上进行材料加热。画线前，应对准备画线的区域进行路面检查，路面画线区域必须干净，否则将影响黏结。画线的当天还要注意天气情况，当有雨、风、大气潮湿或气温低于 4 ℃时不允许施工。

热塑线：在画人字线时，所使用的模具底面要平整，以保证模具与路面紧紧粘住，使画出的线的边缘整齐。在画虚线时，要保证画线车行走匀速、直顺，画出的线形要美观。

油漆线：要检查画线车速度，以保证喷涂油漆量、撒玻璃珠量均能符合规范要求。标线施工完成后，要对其进行保护，防止污染和破坏。

（二）施工与控制

1.样品检查

将样品放到密闭容器，再将其提交到中心实验室进行试验。样品数量为：道路标线漆 4 L，用于道路标线漆的稀释剂 4 L，热塑材料 2 kg，用于热塑材料施工的黏层料 4 L，球状玻璃珠 500 mL。试验应按照相关油漆试验方法进行。

不挥发物质的含量：任何一批油漆中不挥发性物质的含量应与批准的样品相同，相差应不大于 5%。

浓度：任何一批油漆的浓度应和批准的样品相同，相差不大于 5%。

颜料：颜料的含铅量不应大于 0.3%（如氯化铅），干燥时间（非黏着时间）不应超过 5 min，覆盖能力至少是 8.2 m²/L。

包装与贮存。玻璃珠应包装在下列材料内。

①柔软耐磨损的黄麻袋，衬以焦油胶结纸和最小厚度为 10 m 的聚乙烯衬料。

②嵌入最小厚度为 100 m 聚乙烯衬料的聚丙烯编织抗滑袋，聚丙烯外壳应采用 Ciba-Geigy-100 或类似方法进行紫外线稳定处理。每一包装的净质量不得小于 25 kg，不得大于 35 kg。当玻璃珠在不开口的包装袋贮存一年后，玻璃珠应不结块。玻璃珠应是无机石英玻璃，无色、透明、能自由流动和耐稀盐酸，不透明的、乳色的、浅色的玻璃珠或其他物质的含量不能超过 2%。

2. 尺寸允许偏差

所有的路面标线位置应与图纸上规定的或监理工程师认定的位置相差不大于 10 mm，纵向标线宽度应与图纸上规定的宽度相差不大于 5 mm。

人字形标线、箭头和限速标记的尺寸应与图纸上规定的尺寸相差不大于 5 mm。箭头和限速标记应正对着通车道的中心线。

3. 颜色

油漆标线的颜色应经过试验，即把油漆标线材料加压喷涂在一块洁净光滑的锡板上，喷涂率为 8.2 m²/L，放置 30 min 后和标准色比较。

油漆喷涂于道路表面后，经使用应在 3 个月内没有显著褪色。以厚度为 0.35～0.4 mm 湿漆薄膜喷涂在平滑的沥青混凝土路面时，任其干燥，由于油漆和路面黏结料的互相溶解和吸收，油漆不应出现明显的褪色现象。

4. 路面标记涂漆

喷漆时，道路表面应干净、干燥，喷漆工作应在白天进行。天气潮湿、灰尘过多、风速过大或温度低于 4 ℃时，喷漆工作应暂停。

所有的纵向标线应由一种有效的自行式机械喷涂。喷枪的输漆量是 8 L/min。只能使用真空喷涂装置进行喷涂，在喷涂时，应利用此装置把油漆加压到 11 kPa。为能顺利工作，使用的喷枪孔径是 1.32 mm。

油漆应喷涂均匀，湿漆薄膜厚度是 0.35～0.4 mm。

5. 热塑材料的施工

根据国外有关规范、标准及实际施工经验，热熔涂料内所混玻璃珠含量以18%左右为宜。

在使用热塑材料之前，应把热塑材料放在一个合适的油熔锅内均匀加热至批准的温度。

所有纵向标线应由一种有效的自行式机械喷涂。热塑材料应均匀地涂敷，涂膜厚度为1.5～2 mm。

所有的横向标线、图例符号和箭头都应用样板涂敷。材料应均匀涂敷，涂膜厚度为1.5～2 mm，表面应平滑。

6. 玻璃珠的使用

玻璃珠应以 0.34 kg/m² 的用量加压撒布在所有的纵向标线上，撒布玻璃珠的工作要在油漆或热塑材料喷涂后立即进行。玻璃珠的实际使用率应根据玻璃珠撒布器和喷洒作业的损失而调整，使用的撒布方法应经监理工程师批准。

7. 标线厚度检验

在施工过程中，应重视标线厚度的检测与控制。缺乏先进检测手段时，可将热塑材料涂敷后，取得样品进行厚度测量。

第二节 交通安全设施施工

护栏设施属于道路的基础设施，它对减轻事故的严重度，排除各种纵、横向干扰，提高道路服务水平，提供视线诱导，改善道路景观等起着重要的作用，特别是对充分发挥高等级道路安全、快速、经济、舒适的功能，具有特殊意义。

一、护栏设施的施工

（一）护栏的基本内容

1.分类

护栏按构造形式可分为柔性护栏、半刚性护栏和刚性护栏三类。护栏按设置位置可分为路侧护栏和中央分隔带护栏两类。

2.施工要求

护栏施工一般在路面施工完成后进行，但在施工前应预先做好施工组织设计及施工准备。护栏施工的常用工具有打桩机、开挖工具、夯实工具、钳子、榔头及经纬仪、水准仪、卷尺等。

在立交桥、小桥、通道和涵洞等设施顶部遇有护栏立柱时，应在这些设施施工时准确设置预埋件。

护栏施工时，应准确掌握各种设施的资料，特别是埋设于路基中的各种管道。

3.施工工艺

（1）立柱位置放样

立柱位置放样应以道路固定设施如桥梁、通道中央分隔带开口等为主要控制点距定位。放样时可利用调整段调节间距，通过调整段调整后，立柱间距可能有不大于 25 m 的间距零头数，可通过分配法将其调整至多根立柱。

为准确放样和保证护栏的线形，在条件允许时最好使用经纬仪、水准仪等测量仪器。

立柱位置放样后，应根据地基情况调整每根立柱的位置。如遇地下通信管线、泄水管等或涵洞顶部埋土深度不足时，应调整某些立杆的位置，改变立柱固定方式。

（2）立柱安装

立柱安装应与设计图相符，并与道路线形相协调。立柱应牢固地探入土中，达到设计深度，并与路面垂直。

一般路段（如路肩和中央分隔带路基情况允许），立柱可用打入法施工。施工时应精确定位，将立柱打入土中至设计深度。当打入过深时，不得将立柱部分拔出加以矫正，须将其全部拔出，待基础压实后再重新打入。

无法采用打入法施工时，可采用开挖法或钻孔法埋设立柱。埋设立柱时，回填土应采用良好的材料并分层夯实（每层厚不超过 15 cm），回填土的压实度不应小于相邻原状土。岩石中柱应用粒料回填并夯实。

护栏立柱设置于构造物中时，应在结构物施工时做好混凝土基础。采用预留孔基础时，应先清除孔内杂物，吸干孔内积水。先将化好的沥青在孔底涂一遍，然后放入立柱，控制好标高，即可在立柱周围灌砂。在灌砂时，一定要保持立柱的正确位置和垂直度。砂振实后，即可用沥青封口，防止雨水漏入孔内。

采用法兰盘基础时，应将法兰盘和地脚螺栓、螺母清理干净，安装立柱时应控制立柱的方向和标高，调整其位置，经检查合格后，方可拧紧法兰盘和地脚螺栓。

采用可抽换式基础时，承座器应先固定在构造物中，安装时把立柱插入其中，调整好高度，即可把迫紧器与承座器的连接螺栓拧紧，立柱即被锁固。

沥青路面段设置立柱时，柱坑从路基至面层下 5 cm 应采用与路基相同的材料回填并充分夯实，余下部分应采用与路面相同材料回填并夯实。立柱位置、标高在安装时需严格控制。

考虑到护栏结构对景观及对驾驶员的视线诱导的影响，立柱就位后其水平方向和竖直方向应形成平顺的线形。

护栏渐变段及端部立柱是护栏施工中需重点注意的部位，施工中应严格控制护栏立柱位置，以使其线形顺适。

（3）波形梁安装

波形梁通过拼接螺栓相互拼接，并由连接螺栓固定于立柱或横梁上。波形梁的搭接方向是安装的关键，搭接方向应与行车方向一致。如搭接方向与行车方向相逆，即使是轻微的擦碰，也会造成较大的损失。

波形梁在安装过程中需不断进行调整，因此不应过早拧紧其连接螺栓和拼接螺栓，否则将无法发挥板上长圆孔的调节作用。待调节完成后，需按规定采用高强螺栓并拧紧拼接螺栓，需严格控制扭矩。调整后的波形梁应形成平顺的线形，避免局部凹凸。

波形梁顶面应与道路竖曲线相协调。当对护栏的线形比较满意时，方可最后拧紧螺栓。但应注意的是，连接螺栓不宜拧得过紧，以便利用长圆孔调节温度应力。

（4）横隔梁、防阻块及端头安装

①横隔梁安装。设有横隔梁的中央分隔带护栏，在立柱准确定位后安装横隔梁。横隔梁应平行于路面（垂直于立柱）安装。在波形梁安装之前，横隔梁与立柱间的连接螺栓不应过早拧紧，以便进行整体调节。当横隔梁与波形梁准确就位后，方可最后

拧紧螺栓。

②防阻块安装。防阻块能防止立柱阻绊车轮，避免护栏局部受力和碰撞时车辆减速，因此应保证其准确就位。防阻块通过连接螺栓固定于波形梁与立柱之间，在安装并调整立柱之后，即可安装防阻块，最后把波形梁装上并进行统一调整。

③端头安装。中央分隔带开口处的端头梁应与分隔带标准段的护栏连接，端头附近的立柱应按设计进行加强处理。路侧护栏开口处应安装端头梁并进行锚固。端头锚固主要包括钢丝绳锚固件及混凝土基础。钢丝绳应采用规定规格（即抗拉强度 170 kg/mm^2、由Ⅰ号乙组镀锌钢丝制成的直径 17 mm 右同向锰钢丝绳），在端部混凝土基础达到设计强度 50%后，方可拧紧螺栓或固定缆索，否则会引起混凝土基础变形，造成绳索松弛。

（二）活动护栏的施工

采用钢管插入式活动护栏时，其基础埋设应与路面施工同步进行，预埋管件应采取保护措施，以防杂物掉入管内。钢管插入式活动护栏采用焊接成型，应使焊缝牢固、平顺，每片活动护栏应平整，尺寸正确，不能扭曲，应使钢管插拔自如。

活动护栏如采用抽换式立柱基础，则可使开口处的活动护栏达到正常路段的强度，其开放的程度以只要拧松两根立柱的六个螺栓，即可抽出一块护栏为宜。

（三）混凝土护栏施工

1.混凝土护栏的预制施工

混凝土护栏的预制，应采用机械搅拌，并在指定的预制场进行。预制场地与一般的混凝土预制场地一样，并应满足以下条件。

①砂石料场、水泥仓库应分开，水泥仓库应有防雨、防潮设施，水泥充足，水质符合要求。混凝土拌和物运距不宜过远，拌和物质量应准确控制。

②混凝土护栏模板应符合要求，应设有规定存放、清理、保养的地点。

③混凝土护栏浇筑现场应平整、坚实、不易集水。

④电源的供应应方便。

⑤起吊和运输设备应满足相关要求，交通便利。

混凝土护栏的模板是预制过程中不可缺少的重要工具，它直接影响预制混凝土护栏的质量。模板的形状、尺寸应准确，接缝应严密，应有足够的强度和刚度，并且装拆方便，能多次周转使用。

所需混凝土护栏数量较多时，应采用钢模板。钢模板的长度一般应根据吊装运输的条件，尽量采用固定尺寸。其设计质量，一定要确保强度和刚度，在浇筑、振捣过程中不允许变形，不得出现漏浆现象。根据国内外对混凝土护栏模板的使用经验，模板材料应采用高强度钢材，厚度不宜小于 4 mm。为了使混凝土预制块表面平顺、光滑，没有麻面等现象，钢模内侧面要抛光，拼接要紧密、牢固，不得漏浆。在浇筑过程中，应把吊装孔、纵向企口、基础连接件、轮廓标附着件等预留件安装上。混凝土搅拌站应与预制场配合设置，搅拌站应配备原材料、配料、拌和物质量控制的人员。搅拌机的容量应根据施工方法、工程量和施工进度等配置，并与预制场保持密切联系。

混凝土护栏应按块浇筑，每块护栏必须一次浇筑完成，不得间断，也不允许在已初凝的混凝土上再浇筑新的混凝土。

护栏采用钢模成型，机械振捣。由于护栏上口较小，插入式振捣不易密实，可采用附着式振捣器，以侧墙振捣为主，再辅以其他手段，应以拌和物停止下沉，不再冒气泡并泛出水泥、砂浆为准，不宜过振。振捣时应辅以人工找平，并应随时检查模板。如有下沉、变形或松动，应及时纠正。

预制混凝土护栏浇筑完毕后，应及时养护。为加快模板周转和施工进度，混凝土护栏块在停放 2～6 h 后可进行蒸汽养护。蒸汽养护的升温、恒温、降温应遵守下列规定。

①采用硅酸盐水泥或普通硅酸盐水泥时，混凝土配制强度等级应比正常养护提高 15%～20%；当采用低温养护（0 ℃以下）时，可仍按原规定。

②混凝土护栏块浇筑完毕后，在蒸汽养护前应先停放 2～6 h，停放温度以 10～20 ℃为宜。

③升温速度。混凝土护栏块属于较厚的大体积构件，每小时升温不宜超过 30 ℃。

④恒温时，混凝土护栏块的温度一般不宜超过 80 ℃；用矿渣硅酸盐水泥、火山灰质硅酸盐水泥或粉煤灰水泥拌制的混凝土，以 75～85 ℃为宜。恒温时间一般为 8～12 h（相对湿度 80%～100%），采用低温养护时，应适当延长恒温时间。

⑤降温速度每小时不应大于 15 ℃，构件温度与外界温度之差不应超过 20 ℃。

⑥不得用蒸汽直接喷射混凝土。

从施工进度和经济角度考虑，模板周转越快越好。另外，拆模太早，护栏强度过低，由于自重的作用，护栏块会变形而被毁坏。因此，只有当混凝土护栏块强度达到设计强度的 70%时，才允许拆模。

另外，由于模板多次重复使用后可能会变形，因此每次使用模板前必须进行检验。模板只有满足精度要求时，才允许使用，这样才能使预制的护栏块满足要求。

护栏块的脱底模、移运、堆放以及吊装就位都是施工过程中的重要环节。如果处理不当，它会直接影响护栏的整体强度、稳定性以及外表美观等。根据国内外使用经验以及理论分析，一般混凝土块达到设计强度的70%时，就可以安装。起吊设备应根据护栏块的大小来选用，既要起重能力够，又不要浪费，同时还应严格按照操作规程起吊。在堆放、运输和起吊混凝土护栏块的过程中，尽量不要损坏其边角和外露的各个面。如有损坏，应及时用高于混凝土护栏强度的材料进行修补。

混凝土护栏在安装前应根据不同的基础处理方法做好基层。

混凝土护栏的安装应从一端逐步向前进行。全线中央分隔带护栏种类尽量要求一致，包括一般桥梁、通道的中央护栏，这样吊装护栏时间向前推进问题不大。如果中央分隔带护栏种类、形式不同，则必须处理好过渡段的长度。护栏安装时应与公路中心线相一致，在曲线路段和竖曲线路段应与公路线形相协调。凡采用传力钢筋与基础连接的路段，要求放样精确，传力钢筋混凝土块的埋置必须与护栏底部的预留孔相符合。护栏块安装至各控制点的位置应精确测定，发现有长链（或短链）时应尽早采用分配法处理。

2.混凝土护栏的就地浇筑施工

混凝土护栏就地浇筑前，必须根据设计文件进行现场核对，并根据施工条件及水文、地质、气象等不同情况，采取相应的技术措施。

施工单位应根据设计文件及施工条件，确定施工方案，编制施工组织设计。施工前应准备好水电供应、办公生活用房、工棚仓库和消防等设施以及搅拌和堆料场地。施工单位还应根据设计文件，复测平面和高程控制桩，据以定出护栏中心位置。

中央分隔带护栏沿公路长度方向的布设，主要受桥梁通道、立交桥、隧道等的制约。因此，需要定好控制点，根据公路沿线构造物的实际情况合理布设护栏。

混凝土护栏基层施工应符合下列要求。

①石灰稳定土基层，应符合土块粉碎、石灰合格、配料正确、拌和均匀、碾压密实等要求。

②煤灰、粉煤灰、冶金矿渣等工业废渣类基层，应按其化学成分和颗粒组成，掺入石灰土或石渣组成混合料，加水拌和压实，洒水养护。

③泥灰结碎（砾）石基层，应严格控制泥灰的含量。施工可采用灌浆法或拌和法。

④级配碎（砾）石掺石灰基层，颗粒应符合级配要求。

⑤水泥稳定砂砾基层，砂砾应有一定级配，压实应在水泥终凝前完成。

浇筑混凝土护栏的模板应符合现场施工的要求，在有条件时可采用滑模施工。模板应具有足够的强度、刚度，拆装容易、施工方便、安全，模板内部光滑，尺寸准确，可以多次重复使用。

混凝土护栏上的各种预埋件及受力钢筋应在混凝土浇筑前安装完毕。这些预埋件包括护栏与防眩设施连接件、轮廓标连接件、吊装孔预埋钢管、纵向钢筋连接件、与基础连接的传力钢筋插入孔、横向排水的泄水孔等。各种预埋件经检查合格后方可浇筑混凝土。

混凝土拌和物还应符合下列规定：砂石料和散装水泥必须过秤，严格控制加水量。搅拌机装料顺序，宜为砂、水泥、碎（砾）石，或碎（砾）石、水泥、砂。进料后，边搅拌边加水。混凝土拌和物的最短搅拌时间应符合相关规范的规定。

每块混凝土护栏必须一次浇筑完成，不得有间断面。混凝土拌和物的振捣应符合下列规定。

①以附着式振捣器为主，辅以插入式振捣器，表面用手工抹平。

②振动持续时间，应以拌和物停止下沉，不再冒气泡并泛出水泥、砂浆为准。

③振捣过程中应随时检查模板。如有下沉、变形或松动，应及时纠正。

就地浇筑的混凝土护栏，采用湿治养护时，应符合下列规定。

①混凝土护栏脱模后，宜用草袋、草包等覆盖其表面，均匀洒水，经常保持潮湿状态。

②昼夜温差大的地区，为防止混凝土护栏产生收缩裂缝，应在混凝土浇筑 3 d 内采取一定的保温措施。

③养护时间宜根据混凝土强度增长情况确定，一般宜为 14～21 h。

就地浇筑的混凝土护栏，采用塑料薄膜养护时，应符合下列规定。

①薄膜溶剂具有易燃或有毒等特性，使用、贮运时要注意安全。

②塑料薄膜的配比应严格遵照说明，必要时由试验确定。

③塑料薄膜施工，宜采用喷洒法。当混凝土表面不见浮水和用手指压无痕迹时，可进行喷洒。喷洒厚度宜以能形成薄膜为准，用量宜控制在每千克溶剂喷洒 3 m² 左右。

④在高温、干燥、刮风时，在喷膜前后，应用遮阴棚加以遮盖。

⑤养护期间应保护塑料薄膜的完整，当破裂时应立即修补。

当混凝土拌和物温度在 30～35 ℃时，混凝土护栏的施工应按夏季施工规定进行。

①混凝土拌和物浇筑中应尽量缩短运输、摊铺、振捣等工序时间，浇筑完毕后应及时覆盖、洒水养护。

②搅拌站应有遮阴棚；在浇筑混凝土前，基层表面应洒水湿润。

③注意天气预报，如果降雨，应暂停施工。

④气温高时，宜避开中午施工，可在夜间进行。

根据当地多年气温资料，当室外日平均气温连续 5 d 低于 5 ℃时，应按冬季施工规定进行。

①混凝土拌和物不得遭受冰冻，浇筑温度不低于 5 ℃。

②水泥应采用 42.5 级以上硅酸盐水泥或普通硅酸盐水泥，水灰比不应大于 0.45。

③混凝土拌和物搅拌站应搭设工棚或其他挡风设备。

④当气温在 0 ℃以下或拌和物浇筑温度低于 5 ℃时，应将水加热后搅拌，如仍达不到要求，应将水、砂和石料都加热。在任何情况下，水泥不得加热。混凝土拌和物的运输、浇筑、振捣等工序应紧密衔接，缩短时间，减少热量损失。

⑤混凝土浇筑完毕后，应尽快保温养护，冬季养护时间不应少于 28 d。

（四）金属桥梁护栏的施工

金属桥梁护栏的施工方法和波形梁路段护栏基本相同。

1. 一般原则

①施工前做好详细的施工组织设计。

②在桥梁行车道面板、人行道面板完成后，方可进行桥梁护栏的施工。

③护栏构件安装前，应进行质量检查和试验，只有被确认符合质量标准的护栏产品方能使用。

④应按护栏设计图纸或产品供货商提供的详细施工方法进行施工。

2. 放样及设置预埋件

①放样前应选择桥梁伸缩缝、胀缝附近的端部立柱作为控制点，并在控制点之间测距放样。

②立柱放样时，当间距出现零头数时，可用分配的办法使之符合横梁规定的尺寸，构件应等距设置。

③定位后，在桥面板（或人行道板）上准确地设置预埋件（如铆固螺栓或套筒），

并采取适当措施，保护预埋件在桥梁施工期间免遭损坏。

3.安装

①安装护栏前应先对预埋件的位置进行复测，符合设计要求后方能安装立柱和横梁。

②护栏安装前应做好施工场地的各项准备工作，安装过程中应特别注意控制螺栓扭矩、焊缝间距以及桥梁伸缩缝和胀缝的间距。

③横梁和立柱的位置应准确无误，连接螺栓和拼接螺栓开始不宜过早拧紧。

④横梁、立柱等构件，在安装过程中应尽量避免损坏保护层。安装完成后，应对被损坏的保护层按规定的方法进行修复，并保持与原有层面顺适一致，色调相同。

⑤对于焊接的金属护栏，所有外露接头在焊接后应做磨光或补满的清面工作。

（五）钢筋混凝土桥梁护栏施工

钢筋混凝土护栏的施工方法应按现行《公路桥涵施工技术规范》（JTG/T 3650—2020）的规定执行。

一般原则：①钢筋混凝土墙式护栏应在行车道面板、人行道面板施工完成后及跨中支架及脚手架拆除以后，桥跨处于自承状态下进行施工；②护栏高度必须在纵坡变化点处改变，以使线形顺适，外形美观，不得有明显的下垂和拱起；③钢筋混凝土墙式护栏宜采用就地浇筑的方法进行施工，当采用预制件时，护栏与桥面板（人行道板）间应进行特殊的连接设计。

伸缩缝应填满橡胶或沥青、胶泥等弹性、不适水的材料，伸缩缝内不应有松散的砂浆和活动时有可能剥落的砂浆薄皮。

二、隔离设施的施工

隔离设施的施工应在路面施工及其他配套工程施工完成以后开始。隔离设施施工是在公路用地界范围，如果过早施工、封闭会影响主线工程的进行。另外，隔离设施的材料、构件主要依赖主线来运输。在有条件的路段，如可利用辅道来运送材料、构件，在不影响主线工程施工的情况下，可以提前实施封闭。

施工组织设计是工程全面质量管理的关键。施工组织设计的好坏不仅关系到施工质量的高低，而且对整个工程的造价和周期有着至关重要的影响。因此，在开始隔离设施施工以前必须首先做好施工组织设计，协调好各部门的关系，确保施工有条不紊地、高质量地进行。

施工放样精度是隔离设施后继施工质量的保证。放样需按设计要求确定隔离设施的中心线，然后测量立柱的准确位置，并在每个柱位做好标记。

测量高程的目的在于控制各立柱基础标高，保证安装后隔离设施顶面的平顺和美观，隔离设施立柱高程应做出专门设计，必要时可对设计高度做现场修正，以适应隔离设施纵向坡度的变化。

隔离设施应严格按设计图进行施工放样。先定中心线，然后按设计的柱距定出柱位。每个柱位应按设计要求确定高程并与公路界地形相协调。必要时，可对地形进行整修。

在放样和定位工作完成的基础上，根据设计图纸要求开始挖坑或钻孔，挖、钻深度要符合设计要求。在特殊的地理环境下（如在挖坑或钻孔时遇到坚硬的岩石），在保证不改变地界的法律地位和设施布设整体美观的情况下，允许对坑基位置作适当的调整。挖、钻好的基底应清理干净，以便验收合格后，不影响下道工序的正常进行。

立柱开始埋设的先决条件是立柱坑基挖、钻完毕，并经检查合格。

立柱坑基混凝土施工分为现场浇灌和预制件现场埋设两种。现场浇灌施工要求立柱放入坑内，正确就位，用临时支撑固定立柱，用靠尺量其垂直度，用卷尺量其高度，在确认符合设计要求后，再进行混凝土的浇灌。预制件现场埋设是指通过模具预先把立柱和混凝土基础制成整体结构，现场直接安装到位。不管选用何种施工方式，在施工过程中都应严格检查立柱就位后的垂直度和立柱高程，以保证网片安装的质量和隔离设施安装完毕后的整体美观效果。

整体式框架隔离网的制造加工一般要求在工厂集中制作完成。由于工厂机械设备较为齐全，生产效率高、成本低、工艺完善、批量流水生产，能保证隔离网的质量。焊接网片时，先将外框按几何尺寸焊好，经检查合格后，放在胎具上，将钢板网按设计要求切好，放入网框内，各部尺寸校对无误后，用张拉工具将网拉紧，再把其与外框焊接在一起。除锈、去油污后，进行规定的表面防锈处理。半框架式结构隔离网的性能主要取决于施工装配工艺，可根据需要在现场加工或工厂加工。

钢筋混凝土立柱可在施工现场制作，也可在工厂事先预制。其几何尺寸和强度都应符合设计要求。经抽检合格后，方能成批使用。

运输和装卸是工程组织流程中的一个重要环节，也是产品质量保证的关键。在工程管理中应对不同的材料产品制定出相应的运输装卸准则。在运输及装卸钢筋混凝土立柱时，应避免其折断或摔坏棱角，装车时码高不宜超过5层。在装运、堆放金属构件和网片时，应避免其遭到损坏。

为了保证上网安装立柱的强度，要求现场浇筑的混凝土基础强度达到设计强度70%以后，方可安装网片。

隔离设施在安装时，有整网连续安装和分片式上网安装两种方法。

整张隔离网在其连续安装工作完成后，需要专用张紧设备将其绷紧。网与立柱的连接一般采用挂钩的方法，这种连接方法的主要优点是上网、下网工艺简单，加工精度要求不高，而且成本低。

分片式上网安装是指隔离网在工厂按尺寸剪裁好，并镶嵌在外框中，可分散运输、分片架设。这种安装工艺的优点为造型美观、形式多样，隔离设施整体性结构强度高，可散装运输、灵活装配。当然，无论是从加工、运输，还是安装方面，其总的造价都将大幅度提升。安装方式应在充分考虑工程造价，结合本地区道路环境条件后，依据设计要求正确选择，以求所选用的隔离设施的性能价格比达到最优。此外，网片固定在外边框时，可根据不同的丝网结构，采用焊、压、挂等方法。网片与外边框必须连接牢固，网面应平整、绷紧。

以上各类形式的隔离网安装完毕后，立柱基础应进行最后压实处理。

隔离网与立柱的连接方式按安装工艺分为无框架整网安装和有框架安装。

无框架整网安装。无框架整网安装是指金属编织网四周不附加任何刚性材料作为框架，而是直接通过立柱上的挂钩与金属编织网连接、固定。这种安装工艺的优点是节省材料、造价低、整网连续铺设，缺点是网格难以绷紧。

有框架安装。有框架安装又分为全框架安装和半框架安装。

全框架安装是指金属编织网在生产过程中按设计要求规定的尺寸剪裁成片，再用刚性材料待网格绷紧后与其焊接固定，形成整体刚性网框结构，安装时一框一框地安装，最后通过螺栓螺母与立柱连接固定。此种安装工艺的优点是安装后整体连接效果好、刚性好、强度高、美观大方，缺点是造价高。

半框架安装采用只有上下两边框架的结构形式，通过利用等边内卷边槽立柱的特殊结构，用上下可滑动调节螺栓将网片与上下横框现场安装固定，这种安装工艺的最大优点是不仅克服了以往单片网格安装后无法绷紧的缺点，而且克服了全框架结构造价过高的缺点，在工程造价几乎不变的情况下提高了隔离设施的整体连接强度。

三、防眩设施的施工

防眩设施的施工应根据其设置方法在路面工程或护栏工程施工完成后同步进行。防眩设施在施工前应做好各项准备工作，并做出详细的施工组织设计。

（一）放样

施工前应清理场地，确定控制点（如桥梁、中央分隔带开口及防眩设施需变化的路段），在控制点之间测距定位、放样。

（二）安装

防眩设施在施工过程中，不得损坏中央分隔带上的通信管道、护栏等设施。

应按设计要求处理好路段与桥梁上的防眩设施的位置及高度，并随时检查、校正。

防眩板需单独埋设立柱时，应在混凝土基础达到设计强度后方可安装部件。同时，应注意不要损坏通信管道等地下构造物，并注意与道路线形协调一致。

施工中应注意不要损伤防眩设施的锌涂层。由于与一般钢铁相比，有锌涂层的钢铁制品硬度更低，易受机械损伤，因而在施工中必须特别小心。锌涂层受损伤后，须在 24 h 之内用高浓度锌进行涂补，必要时应予更换。另外，由于带汗水的手或盐水等会促进钢铁构件涂层的氧化，因而安装防眩设施时最好戴上手套。

第四章　桥梁工程施工

第一节　桥梁施工的场地布置

桥梁施工的场地布置是对施工现场的平面规划，是施工方案在施工现场空间上的体现，也反映了已建和拟建工程之间，以及施工所需各项设施之间的空间关系。场地布置应按照施工部署、施工方案及进度计划，将各项生产、生活设施（如房屋建筑，临时加工预制场、仓库、料场、搅拌站、水电管线及运输道路等）在现场平面上进行周密规划与布置。对于大型的桥梁工程或施工工期较长的桥梁工程，施工场地还应按照施工阶段分别进行布置，以便充分体现各施工阶段的特点，并对其进行动态管理。

一、场地布置的设计原则

应从施工现场实际条件出发，遵循施工方案和施工进度计划的要求，确定合理的平面布置方案，有利于施工和现场管理，不占或少占农田。

应在保证工程顺利进行的前提下，充分挖掘施工现场潜力，尽可能利用已有的建筑物、构筑物及道路，最大限度地减少临时工程的工程量，节约施工费用，降低工程成本。

应最大限度地缩短工地内部的运输距离，节省运输费用。特别是尽可能避免场内二次搬运，以减少场内运转的材料损耗，节约劳动力。

临时生产、生活设施及施工地点的布置应便于工人的生产和生活，这些设施尽可能采用装卸式，以便重复使用，降低临时设施费用。同时职工宿舍应尽量和施工场地分开，施工作业区与办公区应划分明显。

要符合劳动保护、安全技术、防洪及防火的规定。施工现场应准备必要的医务设施；采取必要的防盗措施；设置消防设施，保证消防通道的畅通。

施工现场的平面布置应注意环境保护和文明施工的要求。

二、场地布置图的内容与一般设计步骤

桥梁工程的场地布置图有总体平面布置图及局部平面布置图两种。

(一)总体平面布置图

1.总体平面布置图的内容

拟建公路工程的主要施工项目：如路线及里程；大中桥、隧道、集中土石方、交叉口、特殊路基等重点工程的位置；公路养护、营运管理使用的永久性建筑，如道班房、加油站，高速公路的收费站、服务区等。

为工程施工服务的临时设施及其位置：如采石场、采砂场、便道、便桥、仓库、码头、沥青或混凝土拌和基地、生活用房等。

施工管理机构：如工程建设现场指挥部、监理机构、工程处、施工队、办事处等。

工地附近与施工有关的永久性建筑设施：如已有公路、铁路、车站、码头、居民点、地方政府所在地等。

重要地形、地物：如河流、山峰，以及文物、自然保护区、高压电线、铁路等。

其他与施工有关的内容：如地质不良路段、国家测量标志、气象台、水文站、变电站，以及防洪、防火安全设施等。

2.总体平面布置图的形式

桥梁施工总平面布置图可用两种形式表示。一种是根据桥梁实际平面尺寸按适当的比例绘制而成的，这种图所绘内容的位置比较准确。另一种是将公路路线绘成水平直线，将各点的平面位置在图中表示出来，但它可以采用不同的纵横向比例将长度缩短，还可以略去若干次要的部分。

由于复印技术已普及，目前多采用按路线实际走向绘制总平面图，绘图比例一般为 1∶5 000 或 1∶2 000。

3.一般设计步骤

①首先对当地自然条件和技术条件进行分析，掌握施工现场的地形、原有道路、水源、电源及交通运输条件等。

②确定主要机械设备的位置。如混凝土搅拌站和起重运输机械是桥梁施工场地的主要设备，应首先予以考虑。

③仓库、料场和半成品堆放位置。
④场外交通的引入和现场运输道路的布置。
⑤各种生产、生活设施的布置。
⑥供水、供电设施的布置。
⑦安全、消防设施的布置。
⑧绘制总平面图。

设计施工总平面布置图时，要充分利用施工场地的现有条件，进行全面规划、合理布设。对外注意与原有公路、铁路的联系，对内尽量减少施工作业的相互干扰。

（二）局部平面布置图

1.局部平面布置图类型

①大型临时工程平面布置图。如大型混凝土搅拌站、桥梁构件预制场、主要材料加工或制备场、外购材料转运及储存场地等。
②主要施工管理机构的平面布置图。
③临时供水、供电、供热及临时、永久性道路、便桥分布平面图。
④大型仓储基地主要设施及物资存放布置图。
⑤大型起重运输设备的轨道布置及设备位置布置图。

2.局部平面布置图形式

与总平面布置图绘制方法相似，由于体现局部平面布置，一般比例尺采用 1∶500～1∶200。

3.设计步骤

以混凝土搅拌站为例，对其设计步骤作简要的介绍：

分析有关资料→确定机械位置（垂直运输机械）→选择单位工程位置（搅拌站）→确定辅助性工程位置（材料及半成品的堆放）→运输道路的布置→确定与之相关的临时设施的布置→水电管网的布置→局面优化→绘制布置图。

三、桥梁施工常用设施的规划与布置

（一）桥梁构件的预制场、堆放场的规划和布置

桥梁构件的预制场和堆放场的规划和布置是桥梁施工场地布置的重要内容。它的位置直接影响到砂石料堆放场、钢筋制作场、木材加工场、混凝土搅拌站、水泥库的位置，以及道路、水电线路的布置等。因此，应予优先考虑。

桥梁构件的预制、堆放场地，除特殊情况外，一般宜设在工地，这样可避免大型构件远距离运输。设在工地内的预制场，应尽量靠近桥头，以缩短安装时的运输距离和减少相应的临时设施。堆放场地最靠近桥头，堆放场的面积大小不仅与预制构件的片数有关，也与梁体安装时间安排和梁体预制时间安排有关，还与梁体堆放的有关规定有关。大梁预制的基座在满足工期对预制进度要求的情况下，不宜设置太多，以减少占地面积、降低工程成本。

（二）钢筋加工场、木材堆放场等场地的规划和布置

钢筋加工厂应区别不同情况采用分散或集中方式设置。对需要进行冷加工、对焊、点焊的钢筋和大片钢筋网，应设置中心加工厂，并靠近构件加工厂；对小型加工厂，可就近设置钢筋加工棚。木材堆放场一般设于交通沿线，木材加工厂应在木材堆放场附近，按工作流程设置。砂石料及水泥混凝土搅拌站的设置则应根据桥梁工程的具体情况布置，当现浇混凝土量大，应在工地设置混凝土搅拌站；当桥梁分布较分散，但运输条件好时，可以采用集中搅拌或选用商品混凝土；在运输条件差时，则应分散搅拌。小型预制件的加工一般设在工地的空闲位置处，如料场专用线转弯的扇形地带或场外临近处。

在预制场、堆放场的位置确定之后，砂石料堆放场、水泥库、模板和钢筋制作场的位置应尽量靠近预制场设置，这样不仅能减少搬运距离，还使用方便。水泥库位置应处于下风向，以防水泥进出库时灰尘飞扬，影响制作场、预制场工人的工作。而钢筋加工厂、木材加工厂应相应靠近钢筋和模板制作场，并与主要的施工现场相距较近，以减少场内运输量。为了防止钢材切割和钢筋电焊引起火灾，应将钢筋加工场和木材加工场分开设置，同时要注意符合安全规定。

（三）材料开采场、加工场的布置与雷管、炸药仓库的布置

如果桥梁工程施工用的砂石材料需要自己开采和加工，则开采场一般设在材料产地。如有两个或多个产地可供选择时，选择的条件首先是材料的品质要符合设计要求。在保证质量的前提下，一般距工地近的产地总是比较理想的。但开采的难易程度、成材率的高低、运输和装卸的费用都是比较、选择的条件。

在山区修建桥梁时，经常要用炸药清除障碍、开凿基坑。因此，就得设置存放炸药和雷管的库房。国家对这一类爆破材料的管理有一套严格的规章和制度。此类仓库距住宅区应有一定的安全距离。

（四）工地临时房屋的规划与布置

工地临时房屋主要包括：施工人员居住用房、办公用房、食堂、医务室和其他生活福利设施用房，以及实验室、动力站和其他仓库等。

在预制场、堆放场等场地确定之后，工地的临时房屋围绕上述场地，且据现场条件及方便生活、生产布置，并要注意安全防火。

职工生活区及办公室，最好设在工地周围受施工噪声干扰较小的地方，符合安全、卫生条件，且按消防规定相互隔离，每间房都应配备灭火器。不能远离工地，也要防止洪水淹没。

直接指挥生产的机构及施工现场调度室应该设在工地的中心地区，以使指挥和调度工作方便、及时。医务室距施工现场不应太远，以便及时对突发情况进行处理。

（五）施工现场运输规划与布置

桥梁施工现场运输也称场内运输，一般分为水平运输和垂直运输。水平运输是将材料从构件仓库、料场或预制加工场地运至施工使用地点。垂直运输则主要是修建墩台及上部构造时，将材料或构件从地面提升到使用部位。

场内运输的方式应根据工地的地形、地物，材料在场内的运距、运量，以及周围道路和环境等因素选择。最经济的运输组织方法是材料供应运输与施工进度能密切配合，做到场外运输与场内运输一气呵成，或场内外运输紧密衔接，材料运到场内后不存入仓库、料场，而由场内运输工具转运至使用地点。但是使用该组织方法时，必须加强对进场材料的验收工作以确保工程质量。

（六）工地供水规划

桥梁施工中要耗用大量的水，施工组织设计必须考虑工地临时供水问题。施工工地的临时用水包括生产、生活和消防用水的三个方面。

桥梁工程施工工地临时供水的设计，一般包括以下几个内容：决定需水量，选择水源，设计配水管网，设计水塔及泵站。

需水量包括生产用水量、生活用水量、消防用水量及管网漏水损失量。

水源最好利用现有的自来水管道或地面水（江、河、湖、池），在有条件时，应尽量利用地下水（井水、泉水）。选择水源时不仅要注意水量充足，满足最大用水量的需要，同时应注意满足对水质的要求。对于饮用水，应符合卫生要求。对于施工用水，侵蚀性物质的含量应受到限制，pH 值需大于 4，含盐量不得超过 5 000 mg/L，且不含油脂等其他杂质。

配水管网应在保证不间断供水的情况下，管道铺得越短越好，同时在工程进展期中各段管网应具有移置的可能性。

工地临时水塔一般设在靠近水源且距地面较高处，其支架可用木支架或装配式常备钢支架。用水泵直接供水时，水泵的抽水能力应大于计算用水量的 50%～100%，确定其扬程时应考虑沿程水头损失和局部水头损失。单位管长的水头损失，可由一般给水手册查得。局部水头损失一般不作详细计算，可取沿程水头损失的 15%～20%。

（七）工地供电规划

由于施工机械化程度的提高，桥梁施工用电驱动的机械越来越多，用电量越来越大。相较于道路施工，桥梁施工的用电量要大得多。做好桥梁施工工地的供电工作，对保证施工的顺利进行有着重要作用。供电规划一般包括用电量计算、电路选择、变压器的确定、导线截面的计算和配电线路布置等。

其中，工地供电方式有以下三种。

①尽可能利用施工现场附近的电力供应，当地供应的电力一般比较便宜，而且可免去临时供电的设施和管理费用。

②利用附近电力网，设临时变电站和变压器。

③在无以上条件或规模不大的工地上，可设置临时供电装置。

确定供电方式时，必须考虑电源的可靠性，以保证施工安全。工地自行发电时一般采用移动式内燃发电机，其输出功率为150～250 kW。

配电线路的布置原则有以下五个。

①工地内部应采用380/220 V低压线路；380 V的供电半径不应大于700 m；工地上一般采用架高线路。

②3～10 kW的高压线路采用环状布置，380/220 V低压线路采用枝状布置。

③线路宜设于道路一侧，并尽量保持线路水平；380/220 V线路的电杆间距一般为25～40 m，且离地面高度不小于6 m，离铁路钢轨不小于6.5 m。

④分支线及引入线均应在电杆处连接，不得在两杆之间连接。

⑤电压为380/220V时，应用三线的三相电流线路，双线线路仅可用于照明等负荷不大的生活用电。

（八）工地临时供热规划

桥梁工程在冬季施工时常需考虑到供热问题，以保证工程进度及混凝土质量，如对混凝土材料加热，对钢筋混凝土构件做蒸气养护等。同时，生活设施的内部采暖，也要求对工地临时供热进行规划。

临时供热的热源，一般是设立临时性的锅炉房。如有条件，也可以利用当地的现有热力管网。

（九）布置运输道路

现场道路应尽量利用永久性道路。当无永久性道路可供利用时，要修建必要的临时便道。修建的道路宽度一般为4～6 m；干线和施工机械行驶路线，最好采用碎石路面，支线用砂石路面或土路；主干道为环状，支线为枝状布置。一般通向砂石料堆放场、钢材堆放场、木材堆放场以及库房的道路为主干道。同时要修好排水沟以利排水，并指定专人维护、管理。

（十）工地环境保护及文明施工的规划

无论是在野外或是在城市中的桥梁工程施工，均会不同程度地影响周围居民生活，并对周围的环境造成一定程度的影响甚至是破坏。环境是人类赖以生存的基础，在规划与布置施工平面时应注意对环境的保护，使施工对环境造成的影响减少到最小。要注意控制施工现场的粉尘、废水、废气、固体废弃物及噪声、振动等的污染及危害。

第二节　桥梁基础施工

一、明挖基础施工

开挖方法、顺序、支撑结构的安全设置应符合施工组织设计。

开挖深度和开挖放坡,要考虑坑顶是否有荷载等。

应考虑弃土堆放位置、坑顶坡度设置和截水沟的设置。

开挖过程中注意观测周围建筑物是否发生沉降,以及边坡、支持结构是否发生变形。

采用机械开挖时,基坑内不得有人,开挖机械距坑边缘的距离应根据基坑深度、边坡坡度以及地质情况综合考虑。

开挖过程中,如遇流沙、涌水、涌沙及基坑边坡不稳定等情况,应采取防护加固措施。

采用排水开挖时要保证所用排水设备具有足够的抽水能力,保证基础不会被水泡。

小型桥涵施工时,如果不能保证车辆通行,应事先修好便道或便桥,并在修建桥涵的公路两端设置"禁止通行"的标志。

基坑开挖需要爆破时,要按照爆破安全规程处理。

对基坑实施安全监测(水平位移和沉降、倾斜、内力、隆起、裂缝、水位、孔隙水压力以及锚杆监测等)。

二、围堰施工

围堰是导流工程中的临时性挡水建筑物,用来围护施工基坑,保证水工建筑物能在干地施工。按照围堰按使用材料,可分为土石围堰、钢筋混凝土围堰、钢板桩围堰、套箱围堰、双壁钢围堰等。下面只介绍前四种围堰的施工。

（一）土石围堰

施工：围堰的施工有水上、水下两部分。水上部分的施工与一般土石坝相同，采用分层填筑、碾压施工，并适时安排防渗墙施工；水下部分的施工，土料、石渣、堆石体的填筑可使用进占法，也可使用各种驳船抛填水下材料。

接头处理：土石围堰与岸坡的接头，主要通过扩大接触面和嵌入岸坡的方法，以延长塑性防渗体的接触，防止集中绕渗破坏。土石围堰与混凝土纵向围堰的接头，一般采用刺墙形式插入土石围堰的塑性防渗体中，并将接头的防渗体断面扩大，以确保在任一高程处均能满足绕流渗径长度要求。

拆除：围堰拆除通常是在使用期的最后一个汛期过后，随上游水位的下降，逐层拆除围堰背水坡和水上部分。土石围堰的拆除可用挖掘机开挖、爆破、挖泥船开挖或人工开挖等方法。

（二）钢板桩及钢筋混凝土板桩围堰

根据施工条件和安全要求及水深、地质情况选择合理的桩长、桩量，桩的打入位置、打入深度，桩顶标高，保证施工顺利进行，同时要保证水下构造物的安全，对强度、刚度和稳定性都要进行必要的验算。

参与施工的机械设备（打桩机、卷扬机等）要进行全面检查，经试验、鉴定合格后方可使用。

施工时要统一调度、服从指挥。

注意钢板桩的插打以及拔桩顺序。

施工过程中注意吊机船只的吃水深度、相关机械设备的受力情况；要经常检查桩帽、桩垫，如有异常，马上停止施工。

（三）套箱围堰

套箱围堰应根据工程需要进行设计，其强度、刚度、稳定性必须经过验算；交付使用前应由专业人员进行验收；针对不同的形式要制定相应的安全技术措施。

拖船牵引浮运套箱时要得到港航监管部门同意，并且在了解航道水深、流速等情况后，制定施工方案。若需要多船只同时作业，要有统一的指挥机构。

在通航河流施工时，施工前应与港航监管部门取得联系，办理相关手续，协商通航安全事宜，并按要求设置标志和防撞装置；施工时要严格按照制定的时间、地点作业。

定位套箱时，应先将定位船只和导向船只就位。定位船只的锚要按照水流速度、河床地质情况设计。

套箱拆除时，应按施工组织设计的程序进行，施工人员要系安全带和穿救生衣。

三、钻孔灌筑桩基础施工

钻孔机械就位后应对钻机及配套设备进行全面检查，钻机安设必须平稳牢固，钻架应加设斜撑或缆风绳。

冲击钻孔选用的钻锥、卷扬机和钢丝绳等应配置适当，钢丝绳与钻锥用绳卡固接时，绳卡数量应与钢丝绳直径相匹配，冲击过程中钢丝绳的松弛度应适宜。

正反循环钻机及潜水钻机使用的电缆线要定期检查，接头必须绑扎牢固，确保不透水、不漏电；对经常处于水泥浆浸泡处应架空搭设，挪移钻机时不得挤压电缆线及风水管路。

潜水钻机钻孔时，一般在完成一根钻孔桩时要检查一次电机的封闭状况，钻进速度应根据地质变化加以控制，以保证钻机的安全运转。

采用冲抓或冲击钻孔，当钻头提到接近护筒底缘时，应减速平稳提升，不得碰撞护筒、钩挂和护筒底缘。

宜设置泥浆循环净化系统，并注意防止或减少环境污染。

钻机停钻时，必须将钻头提出孔，外置于钻架上，不得将其滞留孔内。

对已埋设护筒但未开钻或已成桩，护筒尚未拔除的，应加设护筒盖或铺设安全网遮罩。

四、沉入桩基础施工

钢筋混凝土桩采用锤击沉桩或振动沉桩时，施工场地应保持平整、清洁，打桩机的移动轨道铺设要平顺，轨距要准确，钢轨要钉牢，轨道端部应设止轮器。

水上打桩平台必须搭牢固，打桩机底座与平台应连接牢靠。

打桩架移动应在现场施工负责人指挥下进行，桩架移动应平稳，桩锤必须放在最低位置，柴油打桩机后部的配重铁必须齐全，采用滚杠滑移打桩架作业时，作业人员不得在打桩架内操作。

浮式沉桩设备沉桩时桩架与船体必须连接坚固，船体定位后应以锚缆封固并应防止施工中浮船晃动。

起吊沉桩或桩锤时，严禁作业人员在吊钩下或在桩架龙门口处停留或作业。

应经常检查维修打桩架及起重工具，检查维修桩锤时必须将桩锤落在地面或平台上，严禁在悬挂状态下维修桩锤。

振动打桩机在停止作业后应立即切断电源。

采用高压水泵等助沉措施时，其高压水泵的压力表、安全阀、水泵输水管道及水压等应符合安全要求；高压射水辅助沉桩应根据地质情况采用相应的压力，并要防止因急剧下沉造成桩架倾倒；射水沉桩应在桩身入土达到稳定状态时再射水。

振动打桩机开动后，作业人员应暂离，基桩振打中如发现桩回跳、打桩机有异声及其他不正常情况时，应立即停振并经检查处理后再继续作业；所有开振、停振必须听从指挥。

五、就地浇筑的墩台施工

①施工前，必须搭设好脚手架和作业平台，同时设置好防护措施。

②模板就位后应立即对其进行固定；架立高墩模板时，施工人员必须系好安全带。

③整体模板要连接牢固，吊装整体模板时不得超载。

④用吊斗浇筑混凝土时，吊斗的提降要有专人指挥；上、下部施工人员要注意安全。注意吊斗不得碰撞模板和脚手架。

⑤模板拆除时，应划定禁行区，严禁行人通过；如果是水中作业，要配备工作船和救护船。

六、砌筑墩台施工

①砌筑前,应搭设好脚手架和作业平台,以及安全防护设施。
②人工运送预制块时,所用脚手跳板的宽度、强度、坡度需经过设计,满足安全要求。
③吊机桅杆调运预制块时,应有专人指挥。
④作业人员抬运大块石料时,石料应捆绑牢靠,人员动作应协调一致。应缓慢平放大块石料,防止伤人。
⑤吊机作业时下方不得站人。

七、滑模施工

高桥墩(台)、塔墩、索塔等高层结构采用滑升模板施工时,除应遵守高处作业安全规定外,还需根据工程特点编制单项施工方案以及制定安全技术措施,并向参加滑模施工的人员进行安全技术交底。

滑模及提升结构应按设计要求制作与施工,作业前应对滑模、提升结构进行检查。

需采用爬模施工方法时,爬升架体系、操作平台、脚手架等要保证具有足够的强度、刚度和稳定性,架体提升时要另设保险装置;模板爬升作业人员不得站在爬升的模板或爬架上。

液压系统组装完毕后必须进行全面检查,施工过程中液压设备应由专人操作并应经常维护,发现问题及时处理。

模板提升到 2 m 高以后应安装好内外吊架、脚手架,铺好脚手板,挂设安全网。

混凝土浇筑,不得用大罐漏斗直接灌入,不应冲击模板;振动时不得振动支撑杆、钢筋及模板,提升模板时不得进行振动。

模板提升前应进行检查,排除故障,观察偏斜数值,提升时千斤顶应同步作业。

施工中发现支撑杆有弯曲变形时应及时加固。

操作平台的水平度、倾斜度应经常检查,发现问题应及时采取措施。

主要机具、电器、运输设备等应定机定人,严格执行交接班制度,接班时必须对机具检查一次并做好记录。

墩上养护人员必须系好安全带，输水管路及其他设备应栓绑牢固。

运送人员、材料的外用电梯或罐笼，应有安全卡、限位开关等安全装置。

夜间施工应有足够的照明，在人员上下及运输过道处均应设置固定的照明设施。

拆除滑模设备时应做好安全防护措施，拆除时可视吊装设备能力分组拆除或吊至地面上解体，以减少高处作业量和杆件变形，拆除现场时应划定警戒区，警戒线到建筑物边缘的安全距离不得小于 10 m。

第三节　桥梁上部结构施工

一、预制构件安装施工

装配式构件（梁、板）的安装应制订安装方案，并建立统一的指挥系统，施工难度、危险性较大的作业项目应组织专门的培训。

吊装偏心构件时应使用可调整偏心的吊具，吊装安装的构件应平起、稳落。

单导梁、墩顶龙门架安装构件时应符合下列规定。

①导梁组装时，各节点应连接牢固，在桥跨推进时悬臂部分不得超过已拼好导梁全长的 1/3。

②墩顶或临时墩顶导梁通过的导轮支座必须牢固可靠，导梁接近导轮时应采取渐进的方法进入导轮，导梁推进到位后用千斤顶将导梁置于稳定的木垛上。

③导梁上的轨道应平行等距铺设，使用不同规格的钢轨时，其接头处应妥善处理，不得有错台。

④墩顶龙门架使用托架托运时，托架两端应保持平衡稳定，行进速度应缓慢；龙门架落位后应立即与墩顶预埋件连接，并系好缆风绳。

⑤构件在预制场地起重装车后牵引至导梁时，行进速度不得大于 5 m/min，到达安装位置后平车行走轮应用木楔楔紧。

⑥构件起吊横移就位后,应加设支撑垫木以保持构件稳定;

⑦龙门架顶横移轨道的两端应设置制动枕木。

预制厂采用千斤顶顶升构件装车及双导梁、桁梁安装构件时,应符合下列规定。

①千斤顶在使用前要做承载试验,起重吨位不得小于顶升构件的5倍,千斤顶一次顶升高度应为活塞行程的1/3。

②千斤顶的升降应随时加设或抽出保险垫木。

③构件进入落梁架(或其他装载工具)横移到位时,应保持构件在落梁时的平衡稳定。

④顶升T梁、箱梁等大吨位构件时,必须在梁两端加设支撑构件,两端不得同时顶起或下落,一端顶升时另一端应支稳撑牢。

⑤预制场和墩顶装载构件的滑移设备,要有足够的强度和稳定性,牵引或顶推构件滑移时施力要均匀。

⑥双导梁向前推进过程中应保持两导梁同速进行,各岗位作业人员要细心工作,听从指挥,发现问题并及时处理。

⑦双导梁进入墩顶导轮支座前后,应采取与单导梁相同的措施。

架桥机安装构件时应符合下列规定。

①架桥机组拼(或定型产品)、悬臂牵引中的平衡稳定及机具配备等均应按设计要求进行。

②架桥机就位后为保持前后支点的稳定,应用方木支垫,前后支点处还应用缆风绳封固于墩顶两侧。

③构件在架桥机上纵横向移动时,应平缓进行;卷扬机操作人员应按指挥信号协同动作。

④全幅宽架桥机吊装的边梁就位前,墩顶作业人员应暂时避开。

⑤横移不能一次到位的构件,操作人员应将滑道板、落梁架等准备好,待构件落入后再进入作业点进行构件顶推或牵引横移等工作。

跨墩龙门架安装构件时,应根据龙门架的高度、跨度采取相应的安全措施,确保构件起吊和横移时的稳定,构件吊至墩顶时应缓速平稳下落。

吊车吊装简支梁、板等构件时,应符合起重吊装中的有关规定。

安装大型盆式橡胶支座,墩上两侧应搭设操作平台,墩顶作业人员应待支座吊至墩顶稳定后再将其扶正就位。

安装涵洞预制盖板时，应用撬棍等工具拨移就位，单面配筋的盖板上应标明起吊标志，吊装涵管应绑扎牢固。

龙门架、架桥机等设备拆除前，应切断电源。拆除龙门架时应将龙门架底部垫实，并在龙门架顶部拉好缆风绳和安装临时连接梁；拆下的杆件、螺栓材料等应捆好向下吊放。

人工抬运安装涵洞盖板时，作业区道路应平整。

二、就地浇筑上部结构施工

钢筋混凝土或预应力混凝土就地浇筑前，应对机具设备及防护设施等进行检查。对施工工艺及技术复杂的工程，应进行技术交底。

就地浇筑的桥梁上部结构，施工中应随时检查支架和模板，发现异常状况应及时采取措施。

就地浇筑的各类上部结构，应认真按照有关高处作业、水上作业等安全要求规定落实安全防护措施。

三、悬臂浇筑施工

悬臂浇筑采用挂篮施工时，应遵守下列规定。

①施工前制定安全技术措施，挂篮拼装完成后要进行全面检查并做静载试验。

②在墩上进行零号块施工并以斜拉托架做施工平台时，在平台边缘处应设安全防护设施，墩身两侧斜拉托架平台之间搭设的人行道板必须连接牢固。

③使用的机具设备如千斤顶、滑道、手拉葫芦、钢丝绳等，应进行检查，不符合安全规定的严禁使用。

④检查墩身预埋件、斜拉钢带的位置、坚固程度是否符合设计要求。

双层作业时，操作人员必须严守各自岗位并应防止铁件、工具掉落等。

挂篮拼装及悬臂拼装中，应根据作业点的具体情况设置安全防护设施。

挂篮使用时，后锚固筋、张拉平台的保险绳等应经常检查，调整底模标高时应设专人统一指挥，作业人员应站在铺设稳固的脚手板上。

挂篮行走要缓慢，速度应控制在 0.1 m/min 以内，挂篮后部各设一组溜绳，以保作业人员的安全；滑道要铺设平整顺直，不得偏移；挂篮桁架行走和浇筑混凝土时，其稳定系数应符合相关规范的规定。

如需在挂篮上另行增加设施（如防雨棚、立井架、防寒棚等）时，不得损坏挂篮结构以及改变其受力形式，同时要进行验算。

使用水箱作平衡重施工时，其位置、加水量等应符合设计要求，给排水设施和方法应稳妥可靠，施工中对上述情况要经常进行检查。

在底模荡移前，必须详细检查挂篮位置、后端压重、后锚及吊杆安装情况，确认安全后方可荡移。

箱梁混凝土接触面的凿毛作业人员要配有安全防护设备。

滑动斜面拉式挂篮施工，应遵守下列规定。

①相关人员需检验滑动斜面拉式挂篮的所有活动铰销、斜拉钢带等材质，并打上标记。

②主梁及其吊篮系统安装后应进行全面检查，必要时应做加载实验。

③挂篮安装时或主梁行走到位后，应先安装好锚固和水平限位装置，再安装斜拉带和悬挂底模平台。

④在斜拉带安装和使用过程中，要注意检查保持内外斜拉带受力均衡。

⑤底模和侧模沿滑梁行走前，需将斜拉带和后吊带拆除，用手拉葫芦起降和悬吊底模平台时，必须在手拉葫芦的位置加设保险绳。

⑥挂篮行走前，应检查后锚固及各部受力情况，发现隐患应及时处理；行走时亦应密切注意有无异状并慢速稳步到位。

⑦浇筑混凝土前，应对挂篮锚固水平限位吊带和限位装置进行全面检查。

四、悬臂拼装法施工

龙门架起重吊机进行悬臂拼装时，应遵守下列规定。

①吊机的定位锚固应按设计进行，并进行静载实验。

②拼装使用的机具设备均应经过检查，如有隐患及不符合安全规定时不得使用。

③构件起吊前应对构件进行全面检查，如吊环部位有无损伤、结合面有无突出外露

物、构件上有无浮置物件等。

④构件应垂直起吊,并保持平衡稳定;在接近安装部位时,不得碰撞已安完的构件和其他作业设施。

⑤运送构件的车辆(或船只)在构件起升后应迅速撤出。

遇有下列情况时,现场指挥人员必须在妥善处理构件前,暂时停止装吊作业。

①天气突然变化影响作业安全。

②卷扬机电机过热或其他机械设备出现故障等。

拆除硫磺砂浆临时支座时,除按"高处作业"的安全要求施工外还应符合下列规定。

①融化硫磺砂浆垫块采用电热法时,电热丝不得与其他金属物接触。

②作业时人员应站在上风处操作,并应佩戴安全防护用品。

③人工凿除时,人员站位要拉开距离。

五、缆索吊装法施工

吊装前应对施工人员进行安全教育,安装时应有统一指挥信号,登高操作人员应带工具袋。安全带不得挂在主索、扣索、缆风绳等上面。

牵引卷扬机启动要缓慢,行进要平稳;构件在吊运时起重卷扬机要协调配合并控制好构件在空中的位置,起重卷扬机不得突然起升和下降,构件吊运至安全部位时作业人员要等构件稳定后再进行操作。

缆绳吊装大型构件时应事先检查塔架、地锚、扣架、滑车、钢丝索绳等机具设备,正式吊装前应经吊载试运行后方可正式作业。

跨越公路、铁路时应搭设架空防护支架;在靠近街道和村庄的地方应设立标志;在主航道上空吊装重大构件时,宜采取临时封航措施。

六、转体法和拖拉法施工

预制钢筋混凝土或预应力混凝土上部结构采用转体架桥法或纵横向拖拉法施工时,除按设计要求进行施工外,搭设支架(或拱架)、支立模板、绑扎钢筋、焊接及浇筑混凝土等均应按有关规定进行。

采用转体法修建大跨径拱桥时，应建立统一的指挥机构，并配备通讯联络工具。

采用转体法施工时，悬臂体应转动方便，并符合安全施工的要求，转体时悬臂端应设缆风绳。

平衡重转体施工前，应先利用配重做试验，进行试转动，检查转体是否平衡稳定，试转的角度应大于实际需要转动的角度，如不符合要求时应进行调整。

环道上的滑道平整度应严格控制。如上下游拱肋需同时作配重，转体时应采用型号相同的卷扬机同步、同速、平衡转动；重量大的转体转动前，应先用千斤顶将转盘顶转后，再由卷扬机牵引。

采用无平衡重平转法张拉扣索时，应检查支撑、锚锭、拱体等，确认安全后方可施工。

采用纵向横向拖拉法架梁前，应全面检查所用机具设备及各项安全防护设施的落实情况。

使用万能杆件或枕木垛作滑道支撑时，其基础必须稳固，枕木垛应垫密实，必要时应做压重试验。

梁体及构件运行滑道应按设计铺设，采用滑板和辊轴时，滑板应铺平稳。梁体、构件拖拉（或横移）到达前方墩台时，应采取引导措施便于辊轴进入悬臂端的滑道内。搬抬辊轴时，作业人员要相互配合并注意人身安全。

拖拉（或横移）施工中，应经常检查绳滑车、卷扬机等机具设备是否完好，发现问题应及时处理；施工中钢丝绳附近不得站人，无关人员不得进入作业区。

拖拉（或横移）施工中应统一指挥。发现问题（或隐患）应及时报告并随时处理。

七、预应力张拉施工

预应力钢束、钢丝束、钢绞线张拉施工前应遵守下列规定。

①张拉作业区，无关人员不得进入。

②检查张拉设备，如千斤顶、油泵、压力表、油管、顶楔器及液控顶压阀等是否符合施工及安全的要求，压力表应按规定周期进行检定。

③使用锚环及锚塞前，应先对其进行，检验合格后方可使用。

④高压油泵与千斤顶之间的连接点、接口必须完好无损，油泵操作人员要戴防护

眼镜。

⑤油泵开动时，进、回油速度与压力表指针升降应保持一致，并做到平稳、均匀。安全阀要经常保持灵敏、可靠。

⑥张拉前，操作人员要确定联络信号，张拉两端相距较远时，宜设对讲机等设备。

在已拼装或悬浇的箱梁上进行张拉作业时，其张拉作业平台、拉伸机支架要搭设牢固，平台四周应加设护栏。高处作业时，应设上、下扶梯及安全网，施工吊篮应组装牢固，必要时可另设安全保险设施。张拉时千斤顶的对面及后面严禁站人，作业人员应站在千斤顶的两侧。

张拉操作中若出现异常现象（如油表振动剧烈、发生漏电、电机声音异常、发生断丝等）应立即停机进行检查。

张拉完毕后，对张拉施锚两端应妥善保护，不得施压重物。管道尚未灌浆前，梁端应设围护和挡板，严禁撞击锚具、钢束及钢筋。

采用先张法张拉施工时，除按前面有关规定外还应做到。

①张拉前对台座、横梁等进行检查。

②先张法张拉中和未浇筑混凝土之前，周围不宜站人和进行其他作业。浇筑混凝土时，振动器不得撞击钢丝（钢束）。用卷扬机滑轮组张拉小型构件完成后，应切断电源和卡固钢丝绳。

精轧螺纹钢筋张拉前，除对张拉台座检查外，还应对锚具连接器进行检查。

预应力钢筋冷拉时，在千斤顶的端部及非张拉端部均不得站人。螺丝端杆、套筒螺丝必须有足够的长度，夹具应有足够的夹紧能力，防止锚夹不牢而滑出。

管道压浆时，应严格按规定压力进行。施压前应调整好安全阀，作业人员关闭阀门时应站在侧面。

八、拱桥施工

拱架应具有足够的强度、刚度和稳定性。拱架须经验算，必要时应经试验或预压，并应满足防洪、流冰、排水通航等安全要求。采用土牛拱架时，亦应采用相应的安全措施，以保证拱圈砌筑的安全。

拱架安装及拆除的方法及程序，应符合有关安全规定的要求。

拱石加工时，应注意锤头或飞石伤人，作业人员应保持一定的安全距离。

拱石或预制混凝土块，应按砌筑程序编号，依次运到工地，随用随运，不得过多地堆积在拱架或脚手架上，抬运块件时不得碰撞拱架。

砌筑拱圈时，应按施工要求搭设脚手架及作业平台，拱上建筑施工必须严格按设计加载程序分段、对称进行。

砌筑拱圈时，应随时用仪器观察拱架变形状况，必要时应采取相应措施，以防止拱圈变形过大。卸架装置应有专人负责检查。

拱架拆除工作必须按设计程序进行，拱架脱离拱圈时，应经检查确认安全后方可继续进行拱架拆除工作。拱架拆除时，应统一指挥，严禁在拱架上下同时作业，并严禁使用机械强拽拱架使之倾倒的做法。

无支架拱桥施工时，应遵守下列规定。

①大、中跨径拱桥施工时，应验算拱圈的横向稳定性。分段吊装的单肋合龙后，应用缆风绳稳固，第二肋安装后应用横木临时横向连接。

②双曲拱、箱形拱、纵横向悬砌拱桥施工时，在墩、台顶设置的扣架底部固定应牢靠，顶架应设缆风绳。缆风绳设置必须对称，缆风地锚环应埋设坚固。

③在河流中设置缆风绳时，必须采取可靠的防护措施。

第五章　隧道工程施工

第一节　隧道

一、隧道分类

隧道的分类方法很多，从不同角度来进行区分，就有不同的分类方法。按地质条件可分为岩石隧道和土砂隧道；按埋深可分为浅埋隧道和深埋隧道；按所处的位置可分为山岭隧道、水底隧道和城市隧道；按施工方法可分为矿山法、明挖法、盾构法、沉埋法、掘进机法等；按断面形式又可分为圆形、马蹄形、矩形隧道等；按车道数分，可分为单车道、双车道和多车道隧道。通常隧道在工程规划、设计和建设中主要按照隧道长度、断面大小和用途进行分类。其中按用途，隧道可分为交通隧道、水工隧道、市政隧道和矿山隧道。

交通隧道是应用最为广泛的一种隧道，其作用是提供一种克服障碍物和高差的交通运输及人行的通道，主要包括铁路隧道、公路隧道、水底隧道、地下铁道、航运隧道及人行隧道等6种。

（一）铁路隧道

铁路隧道是专供火车运输行驶的通道。我国是个多山国家，山地、丘陵、高原等山区面积约占全国面积的2/3。当铁路穿越这些地区时，由于铁路限坡平缓，常难上升到越岭所要求的高度，同时铁路还要求限制最小曲线半径，常限于山地、丘陵地形而无法绕行，故修建能够克服高程和平面障碍的隧道是一种合理选择。它能够缩短线路并使线路顺直、减小坡度、改善运营条件、提高牵引定数和行车速度。

（二）公路隧道

公路隧道是专供公路运输使用的地下工程结构物。因为公路对坡度和最小曲线半径的限制没有铁路那样严格，在山区修建公路时为了避开修建费用昂贵的隧道而常常选择盘山绕行的方式，所以过去公路隧道并不多。而随着社会经济的发展，高速公路大量出现，对道路的修建技术也提出了较高的标准，如要求线路顺直、路面坡度平缓、路面宽敞等，故隧道方案越来越受到重视。它在缩短运行距离、提高运输能力以及减少交通事故等方面都起到了十分重要的作用。另外，在城市为避免平面交叉，利于高速行车，保护环境、景观及一些古建筑，也常采用修建隧道的方式。

（三）水底隧道

水底隧道是修建于水面以下、供汽车和火车行驶的通道。当交通线路跨越江、河、湖、海、洋时，一般可选择架桥、轮渡和隧道等方案。但桥梁两端的引道常需占用宝贵的城市用地或需修建结构复杂的长引桥，轮渡则需要较高的净空且限制通行量，若这些问题不能得到有效解决，则可选用水底隧道方案。水底隧道具有较明显的优势，如不影响河道通航，引道占地少，不受气候影响，战时不易暴露交通设施的目标且防护层较厚等；其劣势是造价较高。

（四）地下铁道

地下铁道修建于城市地层中，是解决大城市交通拥挤、车辆堵塞等问题，且能大量、快速、安全、准时输送乘客的一种城市交通设施。它充分利用了城市地下空间，将部分客流转入地下，大大改善了城市的交通状况，并减少了交通事故。目前，我国北京、上海、广州、深圳等大型城市都已建成地下轨道交通系统。

（五）航运隧道

航运隧道是专供轮船行驶而修建的通道。当运河需要跨越分水岭时，克服高程障碍成为十分困难的问题。解决该问题的有力手段是修建运河隧道，把分水岭两边的河道沟通起来，这样既可缩短航程，又可省掉修建船闸的费用，使船只迅速而顺直地驶过，大大改善航运条件。

（六）人行隧道

人行隧道是修建于闹市区穿越街道或跨越铁路、高速公路，专供行人通过的地下通道。它可缓解地面交通压力，提高交通运输能力，并减少交通事故的发生。

本章主要讨论的内容是公路隧道的施工，其他隧道的施工不再一一赘述。

二、隧道主体

公路隧道的主体一般由洞身和洞门组成，在洞口容易塌落地段则需接长洞身或加修明洞。洞身衬砌结构一般可分四种类型：直墙式衬砌、曲墙式衬砌、大拱脚喷混凝土浆边墙衬砌、连拱墙和柱式边墙衬砌。洞门结构也可分四种类型：一字墙式（端墙式）、翼墙式（八字墙式）、斜交洞门、洞口环框。

三、隧道设计基本要求

隧道设计与施工应根据公路等级，结合所处地形、地质、运营等条件，遵循安全、经济、环保的原则和隧道各项技术指标要求进行。高速、一级公路的隧道应设计为双向分离式。分离式独立双洞的最小净距，应根据其围岩级别确定。隧道内的纵坡一般应小于3%，并大于0.3%，但短于100 m的隧道不受此限。隧道内的纵坡形式，一般宜采用单向坡；地下水发育的长隧道可用人字坡。不设检修道或人行道的隧道，可不设紧急停车带，但应按500 m的间距交错设置行人避车洞。人行横洞的设置间距可取250 m，并不得大于500 m；车行横洞的设置间距可取750 m，并不得大于1 000 m，长1 000～1 500 m的隧道宜设1处。

（一）横断面

横断面主要是指隧道的净空断面，即衬砌内轮廓线所包围的空间，也称为内轮廓限界。它包括隧道建筑限界，以及照明、通风等所需的空间断面积。在建筑限界内，不得有任何部件侵入。

（二）净空高度

净空高度是指隧道路面至顶建筑限界的距离。高速、一级、二级公路的净空高度 H 应为 5 m，三级、四级公路净空高度应为 4.5 m。检修道、人行道与行车道分开设置时，其净高应为 2.5 m。

（三）净宽

净宽主要由行车道、侧向宽度和检修道或人行道组成。高速、一级公路隧道应在隧道两侧设置检修道，其宽度应大于或等于 0.75 m；二级、三级公路隧道宜在两侧设置人行道（兼检修道），其宽度应等于或大于 0.75 m。四级公路可不设人行道，但应保留 0.25 m 的（余宽）。特长、长隧道应在行车方向的右侧侧向宽度小于 2.5 m 时，设置紧急停车带。紧急停车带建筑限界和尺寸，其间距不宜大于 7.5 m。双向行车隧道，其紧急停车带应双侧交错设置。单车道四级公路隧道应按双车道四级公路标准建设，右侧侧向宽度应小于 2.5 m。

（四）隧道内轮廓尺寸

根据各公路等级设计速度的相应建筑限界，可分别计算出两车道内轮廓断面的几何尺寸。

第二节 隧道施工安全要求及超前地质预报技术

一、安全要求

隧道工程施工，由于危险性较大，因此应将安全工作贯穿到从施工准备到交工验收的全过程。为了处理好隧道工程施工中"人、机、物、方法、环境"之间的关系，预防安全事故发生，首先要从总体上切实抓好安全工作，以确保安全施工。隧道施工的安全要求如下。

　　隧道施工前，施工单位应建立健全隧道施工安全生产管理体系，设立安全生产管理机构，配备安全生产管理人员，并逐级签订安全生产责任书，认真制定安全技术措施，按国家要求将安全技术措施经费落实到位。开展各项安全生产活动，坚持"管生产必须管安全"和"谁主管谁负责"的原则，遵循"企业负责、行业管理、国家监察、群众监督、职工遵章守纪"的安全生产管理体制。

　　参加施工的人员均须接受安全教育培训和安全技术交底、熟悉和遵守安全管理的有关规定，了解地形地貌，从而对工作环境、工作内容、工作条件做到心中有数。隧道施工应遵守国家有关劳动保护法规，积极改善施工条件，确保作业人员的身体健康。采取切实可行的安全措施，加强风险管理，确保施工安全。

　　施工现场的临时设施、生产生活房屋、易燃易爆仓库、停车场等设置地点应避开不良地质地带，同时还应满足防火、防洪要求。应结合现场实际情况和当地的水文气象特点，编制临时设施施工方案，包括大型临时设施、施工便道、电力、通信、材料厂等设置的地点、规模和标准。

　　隧道施工前，应针对工程项目特点、设计文件、施工环境及现场条件进行施工调查，分析隧道施工过程中可能出现的危险源、风险点，并确定施工中的重大安全风险。针对施工中危险性较大的工程，如洞口施工、不良地质地段（如富水软弱破碎围岩、风积沙和含水砂层、膨胀岩、瓦斯、岩爆、挤压性围岩）施工、变形处理、爆破施工等，应编制专项方案。

　　施工前应组织技术攻关，熟悉图纸和整个工程概况，并进行施工方案的可行性研究；尤其是对不良地质地段的施工方案，必须组织相关各方进行讨论，必要时应组织专家会审。施工方案一旦确定，不得擅自更改。如果确实需更改，需经集体研究，并报经建设单位批准后实施。对易发事故的施工地段，应事前制定针对性强的施工预防措施。

　　施工现场必须设置警示牌和配备佩戴袖标的工地值班安全人员。进入施工现场的人员必须遵守隧道施工的劳动纪律和作业纪律，必须按规定佩戴安全防护用品，听从指挥，人员进出洞要严格执行登记制度和人员翻牌制度。

　　在隧道内工作的电工、装载机驾驶员、运输车辆驾驶员、电（气）焊工、架子工等人员，必须经考核合格后取得特种作业操作证，方可上岗。

　　隧道施工应做到施工过程程序化、管理过程规范化、施工工艺标准化，实现文明施工。施工中应用新技术、新工艺、新设备、新材料和特殊结构时，必须进行可行性研究，审定施工方案。相关方案经有关部门批准后，方可实施。

严禁使用不合格的机具，劳动保护用品要有质检证明书，并经安全生产监察员认可后方能使用。

施工单位必须建立健全安全生产激励机制和约束机制，明确责、权、利；必须设立安全生产奖励基金，对预防事故的有功人员给予奖励，对违章作业、违章指挥、违反劳动纪律的人员要视其影响和造成的损失给予必要的处罚，奖罚宜及时兑现。

施工前应做好准备工作，正确选用施工方法，并结合地形、地质等实际情况，进行施工组织设计，并向施工人员进行技术交底，合理安排施工。

建立严格的交接班制度。交班人应向接班人详细交代本班组织情况及有关安全措施，并记载于交接班记录簿内。工地值班负责人应认真检查交接班情况，特殊情况要在现场当面交代清楚。施工中应加强对围岩及支护的检查和量测，掌握围岩及支护的变形、位移等情况。如有严重险情，必须立即组织人员撤离险区，设立标志，派专人看守，同时迅速报告施工负责人，采取必需的防护措施。

遇有不良地质地段施工时，应按照"先治水、短开挖、弱爆破""先护顶、强支护、早衬砌"的原则稳步前进。如设计文件中指明有不良地质情况时，必要时应进行超前探测探明情况，采取预防措施。

隧道内施工机械、临时设施、施工临时用电等应符合相关要求，禁止在工作面拆卸或修理机械。

隧道施工应制订安全生产应急救援处置预案，健全应急管理机构，建立应急抢险救援队伍，配置应急救援物资、设备，并定期组织演练，在演练过程中不断完善应急预案。

隧道施工现场消防器材的布置应满足消防安全要求，并成立消防安全小组。消防安全小组负责施工区域内的消防安全设施布置、消防安全检查以及消防救护指挥工作。

对易燃、易爆物品的运输、储存和使用，需制定严格的规章制度和安全防范措施，非专职人员不得接触此类物品，防止发生人为事故。

二、隧道施工的超前地质预报技术

在地质条件复杂的山区建设隧道时，隧道周围及工作面前方的工程地质和水文地质情况对隧道施工的质量和安全影响重大。不良地质条件极容易引起隧道塌方、突泥、涌水，不仅在技术上给隧道施工带来极大的困难，而且常常因突发事故导致人员伤亡、设备损毁、工期延误，从而造成巨大的经济损失。隧道工程设计的基本依据是地质勘察资料，而隧道施工的依据主要是设计文件。大量的隧道工程建设实践表明，由于地质勘察精度、经费等诸多条件的限制，根据地质勘察资料进行的设计与实际不符的情况屡有发生。因此，熟悉各种隧道工程的超前地质预报技术，才能真正在施工过程中做好"预控"。

在隧道施工期间，配备相应的工程地质预报仪器，采用各种技术、手段和方法对隧道掌子面前方的地质条件进行及时、准确的预测，可以提前采取预防措施，避免灾害的发生或在一定程度上减少因灾害造成的损失，保证隧道施工的安全。

（一）工程地质预报的主要内容

①断层及其影响带、节理密集带的位置、规模及其性质。
②软弱夹层的位置、规模及其性质。
③岩溶层的位置、规模及其性质。
④不同岩类间的接触界面。
⑤废弃矿巷的分布及其与隧道的关系。
⑥工程地质灾害可能发生的位置和规模。
⑦隧道围岩级别变化。
⑧隧道涌水水压及水量。

（二）工程地质预报技术

1.地质法

包括掌子面编录预测法、地面地质体投影法、断层参数法等。主要根据隧道施工期的掌子面地质条件，如岩体结构面产状及发育状况、岩体破碎程度、岩石变质程度等特征，结合地表、地质调查结果，采用相关分析方法（包括结构面统计分析法、构造相关分析法等）进行超前预报。主要预报掌子面前方存在的断层，不同岩类间的接触界面、隧道前方围岩的稳定性及失稳破坏形式等。地质法隧道施工期地质超前预报是最早开展的，也是其他超前预报方法的基础。大秦铁路军都山隧道施工采用的是地质法结合钻孔测试法。

2.超前导坑（超前平行导坑或隧道）法

该法利用已有隧道、超前导坑、超前平行导坑或隧道所遇地质情况对隧道进行施工期地质预报，这是隧道施工期地质预报的一种常用方法，特别是当两平行隧道间距较小时利用超前平行隧道所遇地质情况预报效果更佳。大瑶山隧道施工采用了超前平行导坑法，秦岭隧道施工则采用了超前平行隧道法。

3. 超前水平钻孔法

超前水平钻孔法是隧道施工期地质超前预报方法中最直接的方法。主要是通过钻孔钻进速度测试、对钻孔岩芯的观察以及相关试验获取隧道掌子面前方岩石（体）的强度指标、可钻性指标、地层岩性资料、岩体完整程度指标、地下水状况等诸多方面的直接资料。采用此方法不仅可以确定隧道掌子面前方地质情况，而且可以起到探水的作用。渝怀铁路圆梁山隧道施工大量采用了该方法，超前水平钻孔总长度达到了 2 900 m。

4. 超前钻孔声波测井及跨孔声波透视（包括 CT）

采用声波探测技术，利用凿岩台车在隧道施工掌子面加接钻杆施作微倾角超前钻孔，通过孔中测井或跨孔声波测试结果进行隧道掌子面前方地质条件的超前预报。大瑶山隧道施工采用了孔中测井或跨孔声波透视法。受钻孔的限制，该方法目前已发展为声波 CT 法。随着计算机技术的广泛应用和声波 CT 专用软件的成功开发，在原有跨孔声波测试基础上开发的岩土声波 CT 层析成像法已开始应用于隧道施工期地质超前预报。

5. 波反射法

该法是利用声波、电磁波在地层中的传播、反射，通过信号采集系统接收反射信号，计算隧道掌子面前方反射界面（断层、软弱夹层等）距隧道掌子面的距离进行隧道施工期地质超前预报。目前广泛采用的 TSP 和地震反射（负视速度法）预报方法均属波反射法。

6. 波反射层析成像法

波反射层析成像法是近年来发展起来的一种隧道施工期地质预报方法，采用反射地震层析成像已成功地进行了隧道掌子面前方岩脉、岩溶洞穴、废弃矿巷、富水破碎带和断层的预报。应用反射电磁波成像等波反射层析成像法进行隧道施工掌子面前方地质预报亦有所报道。

7. 综合超前地质预报方法

目前常用的预报方法有：地面地质调查法、地质雷达、TSP 等。不同的地质超前预报方法有各自的优缺点。

地面地质调查法是长期超前地质预报方法之一。它是运用地下地表构造的相关性原理，对隧道周围的不良地质情况进行宏观和较为粗略的预报，预报距离可达到 200 m 以上。它有可靠的理论基础,适用性强、成本低,但仅靠有限之"见"难以预报较大范围内的地质情况,特别是在地层岩性变化极为复杂(如强烈褶皱地层)的隧道中预报的难度很大。

地质雷达是短期超前地质预报方法,它分辨率高、无损伤、探测和数据处理快、机动灵活,但其预报距离较短(掌子面前方 10~30 m),而且很难排除施工隧道内的干扰因素,影响探测成果的准确性,较准确预报距离往往只有十几米。

TSP 也是长期超前地质预报方法之一。它利用地震波在不均匀地质构造中产生反射波的特性来准确预报隧道施工前方 150 m 范围内的地质条件和岩石特性变化;同时,还可以提供杨氏模量、泊松比等岩石力学参数,也可预测围岩级别,从而更清晰地反映前方的地质状况,为信息化施工顺利进行奠定基础。现在 TSP 已经被国内外广大技术人员和工程单位广泛采用,但它探测费用高,对隧道施工有细微干扰,受探测人员专业技术水平限制,存在多解性特点。在探测成果图中,断层、节理、软弱岩层界面,都以相近的异常带形式出现,差别特别小,探测人员在自身经验不足或解释水平不高的情况下很难准确区分它们。

综上可知,各种方法都有优缺点,但提高预报的准确性和及时性仍是国内外隧道工程地质界需要解决的技术难题。因此,有必要提出一种新的预报手段,以提高预报精度,及时有效地指导隧道施工,完善信息化施工技术。

综合预报手段是以上述三种预报方法为基础,以科学理论为指导,配合科学的信息化管理技术,建立起来的预报手段。它联合以上两种或三种预报方法,根据其获得的信息,建立该隧道的工程信息数据库,利用反映介质相同或相似特性的不同方法之间的综合解释,最大限度地消除解释的非唯一性,推断以及分析前方的不良地质情况;同时它能够根据跟踪预报的结果及时提供预测信息,从而为重大隧道工程提供理想的预报效果。

归根结底,所有采用物探方法对隧道施工掌子面前方地质情况预报,都是对隧道施工掌子面前方地质界面位置的预报,对界面性质、界面处可能发育的不良地质现象、可能出现的地质灾害的预报,仍然需要结合对隧道地表及洞内地质调查、地表与洞内构造相关性分析、地质作图等,以及地质预报人员丰富的地质知识和经验来判断。

隧道施工地质预报工作有助于相关人员宏观把握整个隧道工程所处的地质环境。熟悉隧道设计文件资料,了解隧道工程地质、水文地质条件,初步掌握隧道穿越地层岩性及其分界面分布、构造发育分布和性质,再补充地质调查资料和完善隧道设计文件资料,是确定隧道施工地质预报的重点段,提高隧道施工地质预报准确率的重要保证。开展隧道施工期洞内地质调查、掌子面地质素描，则是充分利用开挖揭示的隧道地质情况，提高隧道施工地质预报准确率的重要保证。以地质法为基础，以地球物理探测方法为手段的隧道综合地质超前预报方法，已得到隧道工程界的广泛认同。

（三）工程地质预报技术展望

尽管隧道地质超前预报无论是预报方法还是技术手段（设备及分析处理软件）都得到了前所未有的发展，但在预报内容方面基本上仍然处于对界面（断层及断层破碎带、软弱夹层、不同岩层分界面、地层分界面、岩溶洞穴等）位置的预报，特别是采用物探方法进行地质超前预报，以及对隧道施工掌子面前方地下水状况、岩溶洞穴充填物及其性质、煤层采空区的预报尚处在摸索阶段，而隧道施工涌水、岩溶涌水等情况严重影响施工的正常进行，已成为常见灾害。因此，对隧道施工掌子面前方地下水状况、岩溶洞穴充填物及其性质、煤层采空区的预报，必将成为今后隧道施工期地质超前预报研究的重要课题。

在未来的隧道施工期地质超前预报中，以地质方法为基础的集各种方法之长的综合超前预报方法将越来越显示出其优越性。重大隧道工程、重点地段（地层变化极为复杂、大型构造断裂、岩溶发育）采用超前水平钻孔结合声波 CT 预报，一般隧道地段采用波反射法预报。可以预见，核磁共振、地（岩）温变化监测等新技术将从研究阶段进入隧道施工掌子面前方地下水状况预报的实施阶段。

第三节　隧道施工安全控制要点

一、洞口

洞口各项工程，应结合洞外场地与相邻工程统筹安排，尽早完成。当地形、地质条件不利时，洞口各项工程宜安排在冬季、雨季前完成，以便洞口稳定和正洞施工安全。当洞口可能出现滑坡、斜面崩塌，地表下沉、偏压，地基承载力不足，开挖工作面坍塌、涌水等危险时，应及时采取针对性措施，如注浆或设立抗滑桩等，从地表加固围岩。同时，通过采取地表截水、洞内排水、墙部打桩、开挖工作面锚喷、初期支护闭合、加固底部围岩、钢架支撑下部垫板等措施，以防止险情扩大，造成严重后果。

洞口附近的桥梁墩台、涵洞、下挡等工程，要考虑到隧道弃渣的需要及早完成。

当发现洞口处有塌方、泥石流、落石、偏压等威胁，以及边坡、仰坡过高时，应立即与建设单位、监理机构和设计单位沟通与协调，及时采取措施，确定处理方案，如延长洞口、设置明洞或增加支护工程，并及时完成二次衬砌。

当洞口地质较差或覆盖层较薄时，为保证洞口地段施工安全，应进行管棚注浆加固隧道周边地层，或在洞门内一定距离（一般为 10～20 m）处向洞口方向逐步扩大和衬砌。

洞口坡顶天沟、洞门排截水沟、路堑排水沟要及早完成，并构成排水体系，以防因排水不当造成坍塌。严寒地区，洞内向外的排水沟，应具有防寒的排水性能。

洞口路基及边坡、仰坡断面应自上而下开挖，一次将土石方工程做完，开挖人员不得上下重叠作业，并随时处理危石与隐患。护砌工程也要紧跟完成，尽量缩小开挖暴露面。边、仰坡以上的松动危石应在开工前清除干净；施工中应经常检查，特别是在雨雪过后，发现松动危石必须立即清除。地质条件差时，应采取措施，如放缓坡度、护砌、喷锚支护、设立抗滑桩、降水等；对倾斜岩层或软硬岩石层，要防止切断岩脚引起塌滑。在高于 2 m 的边坡上作业时，应制定专门的安全技术措施。

洞口土石方工程不宜采用大爆破方法施工，确实需要进行大爆破时，爆破作业应符合其相关规定。爆破后应在清除边、仰坡的松动石块后，方可继续施工。端墙处的土石方一旦开挖后，应立即对松动岩层进行支护。地质不良时，应对边、仰坡采取加固措施。

洞门圬工工程应尽早安排施工，施工完毕应及时对排水系统和仰坡防护工程进行再处理。

隧道门及端墙工程施工应符合下列规定。

①砌体工程脚手架、工作平台应搭设牢固，并设有扶手、栏杆。脚手架不得妨碍车辆通行。

②起拱线以上的端墙施工时应设安全网，防止人员、工具和材料坠落。

③起吊作业应符合相关规定，起吊材料时机下严禁车辆和人员通行。

④高处作业应符合相关规定。若是工作量较大时，则应搭设工作平台，并安装栏杆、挂安全网。使用索道运输料具，其索道必须经主管工程师设计、检验后认可，确保不断绳、不倒架、不坠物、不伤人和机械。通往山上的人行道路，宽度应不小于 0.7 m；当坡度大于 25°时，应做成台阶状，并设单侧栏杆。

⑤应尽量不破坏洞口上方的植被，随时观察危石的动态情况，必要时应及时设置支挡物。施工区域应设置防护（如安全立网和平网），严禁上下重叠作业。

二、开挖

隧道开挖应根据各种施工方法及地质情况制定相应的安全技术措施。

开挖人员到达工作地点时，应首先佩戴好安全防护用品，检查工作面是否处于安全状态，并检查支护是否牢固，顶板和两帮是否稳定，如有松动的石头、土块或裂缝应先予以清除或进行支护。

人工开挖土质隧道时，操作人员必须互相配合，并保持必要的安全操作距离。

机械凿岩时，宜采用湿式凿岩机或带有捕尘器的凿岩机。

站在渣堆上作业时，应注意渣堆的稳定，防止滑塌伤人。

要安排专人检查开挖面和衬砌面，要把爆破后的工作面及其附近作为检查的重点。发现险情立即采取措施。

依据不同石质情况，开挖掌子面与衬砌的距离宜控制在 90~200 m，且未衬砌段应做好喷锚和监控量测，当支护变形稳定后应立即衬砌。

开挖、"剥皮"、喷射混凝土的高空作业的台架、台车，防坠设施必须齐全、可靠。

导坑开挖应最优的炮眼深度，提高爆破效果，加快掘进进度，增加后续工序的工作面，提高施工速度，但在地质不良地带施工时不宜超前过多，防止塌方。

扩大开挖由于在临空条件下进行，最容易造成超、欠挖和坍塌。为了防止超、欠挖，可以采取加强施工测量和顺帮打眼、光面爆破等措施。拱脚以上 1 m 范围内最容易造成欠挖而使衬砌厚度不够，因此要严格掌握开挖尺寸。当采用向上分层扩大开挖时，断面不易控制，因此要加强施工测量，并在出渣前进行断面检查。当围岩压力较大时，支护应密切配合防止坍塌。在洞口地段分部扩大开挖时，在地质较差或覆盖层较薄的情况下，宜在洞内 10~20 m 处向洞口方向进行。

设有仰拱的隧道，仰拱开挖和混凝土灌注必须超前。仰拱开挖一般采用分段跳跃法进行，不允许长距离开挖和使用铲运机等大型机械敞开开挖，以免导致隧道坍塌。仰拱混凝土应整体浇筑、一次成型。

避车洞开挖，在正常情况下应在边拱开挖后进行。对于隧道浅埋且地质不良地段，开挖中要加强支撑。

三、钻眼

钻眼前，应检查工作环境的安全状态，应待开挖面清除浮石以及瞎炮处理完毕后方可进行钻眼作业。用风钻钻眼时，应先检查机身、螺栓、卡套、弹簧和支架是否正常完好，管子接头是否牢固、漏风，钻杆有无不直、带伤以及钻孔堵塞现象，不合要求者应予修理或更换。

用带支架的风钻钻眼时，必须将支架安置稳妥。当风钻卡钻时，应用扳钳松动钻头后将其拔出，不可敲打，未关风钻前不得拆除钻杆。

用电钻钻眼时，应检查把手胶套的绝缘和防止电缆脱落的装置是否良好。电钻工必须手戴绝缘手套，脚穿绝缘胶鞋，并不得用手导引回转钢钎，不得用电钻处理被夹住的钎子。

在工作面内不得拆卸、修理风钻、电钻。

严禁在残眼中继续钻眼。

凿岩台车进洞时要有专人指挥，其行走速度不得超过 25 m/min。在台车行走或待避时，应将钻架和机具都收拢到放置位置，就位后不得倾斜，并应刹住车轮、放下支柱，防止台车移动。

液压凿岩机的拆卸和安装工作，必须由受过培训的人员负责。每班都应检查拉杆的情况。在固定链条上不得有泥渣或石子，以防止链条和链轮的损坏。在遇到断层和地质不良的情况时，必须指派安全员站在一定的位置上观察险情，台车驾驶员必须在驾驶室，且保证发动机不熄火，遇有险情可以随时撤离。在钻眼过程中，特别是在液压凿岩机凿岩过程中应特别注意观察围岩状况，发现险情应及时处理，必要时应撤出作业人员。

四、爆破

洞内爆破必须统一指挥、统一信号，并由经过专业培训且持有爆破操作合格证的爆破员进行，还应严格执行《爆破安全规程》（GB 6722—2014）和有关规定。

参加爆破作业与器材加工的所有人员，严禁穿着化纤衣服和硬底或带铁钉（掌）的皮鞋，以免摩擦产生静电或踏损爆破器材造成事故。

参加爆破作业的人员，严禁工作中点火吸烟或在工作场地违章使用明火照明。在工作场地应设事故照明应急设施。爆破工应随身携带手电筒（电力起爆时应为绝缘型），以防照明设备突然熄灭造成人员慌乱而发生事故。

爆破器材应由装炮负责人按一次需用量提取，随用随取。爆破后的剩余材料，应经专人检查、核对后及时交还入库。

火工品运送到爆破施工现场后，应立即装箱上锁，特别是火雷管、电雷管。钻孔过程中应注意对它们的监护。雷管箱和炸药箱最好放置在已二次衬砌混凝土部位或围岩较稳定处，并相距 20 m 以上，同时附上"严禁烟火"的标志。严禁将爆破器材怀揣于身上或放置于工具箱内。

洞内爆破作业必须统一指挥，进行爆破时，所有人员应撤至飞石、有害气体和冲击波影响的范围之外，转移至无落石威胁的安全地点。相应的安全距离为：

①独头巷道不小于 200 m。
②相邻的上下导坑间不小于 100 m。
③相邻的平行坑道、横通道及横洞间不少于 50 m。
④双线上半断面开挖时不少于 400 m。
⑤双线全断面开挖时不少于 500 m。

每次放炮前应通知到每一个邻近工作面，并做好相关人员的撤离工作。

如一个隧道每两个工作面相对开挖接近贯通时，两端要加强联系、统一指挥：两端距离在 200 m 且一端爆破影响另一端围岩稳定时开始，一端爆破时必须提前 1 h 通报另一端，另一端作业人员必须撤离险区；两端距离在 10 倍循环进尺（两端不一致时按循环进尺大的一端计算，但不得少于 15 m）时，其中一端必须停止施工，人、机撤到安全距离以外并设立警戒标志，严防人员误入险区。

钻眼和装药作业严禁同时进行。装药前应检查爆破工作面附近的支护是否牢固，炮眼内的泥浆、石粉应吹洗干净。刚打好的炮眼热度过高，不能立即装药。遇有下列情况时，严禁装药爆破。

①照明不足。
②开挖面围岩破碎尚未支护。
③出现流沙、流泥，且未经处理。
④有大量溶洞水及高压水涌出，尚未治理。

⑤没有做好警戒工作。

装药时，要严格按爆破设计规定的爆破器材类别和药量装药施工，并堵塞炮泥，最小封泥长度不少于 20 cm。不得使用已经冻结或分解的炸药，以及梯恩梯、苦味酸、黑色火药等能产生大量有害气体的炸药；严寒地区禁用胶质炸药。用于潮湿或有水工作面的引线和起爆药包，必须进行防潮、防水处理。严禁使用金属器皿装药，应使用木、竹棍轻轻送入炮眼，不得挤压引线。

火花起爆时，严禁明火点炮。其导火索的长度应保证点完导火索后，点火人员能撤至安全地点，但不得短于 1.2 m，一个爆破工一次点燃的根数不宜超过 5 根。如一人点炮超过 5 根或多人点炮时，应先燃计时导火线，计时导火索的长度不得超过该次被点导火索中最短导火索的 1/3。当计时导火索燃烧完毕，无论导火索点完与否，所有爆破人员必须撤离工作面。

采用电雷管爆破时，必须按国家现行的《爆破安全规程》（GB 6722—2014）的有关规定进行，并应加强洞内电源的管理，防止漏电引爆。装药时可用投光灯、矿灯照明。起爆主导线应悬空架设，距各种导电体的间距必须大于 1 m。

爆破后，必须经过 15 min 通风排烟后，检查人员方可进入工作面，检查有无"盲炮"及可疑现象，有无残余炸药或雷管，顶板两帮有无松动石块，支护有无损坏与变形。在经过以上各项检查和妥善处理并确认无误后，其他工作人员才可进入工作面。

当发现"盲炮"时，必须由原爆破人员按规定处理。首先恢复警戒防护，严禁火种，无关人员与机具等均应撤至安全地点，然后由爆破人员当场处理（如遇特殊情况，需经施工负责人准许后方可另行处理，但需设立明显标志，采取相应安全措施）。爆破人员检查后，如果认为是孔外原因造成的，切去损坏部分重新接引爆管即可，此时接头应尽量靠近炮孔口。当采用火花起爆时，如果导火索完好，可重新点燃起爆。当炮眼中只有炸药而没有雷管时，首先用木制炮棍掏出炸药（严禁采用铁制炮棍掏炸药），不奏效时再用高压水或风（只能用铜质管，严禁采用铁质管）冲洗炸药，最后重新装药爆破。如果炮孔内炸药完好也可加装起爆药引爆。第一次不成功要进行第二次爆破时，可先用水或空气冷却炮眼。只有在不得已时才允许在"盲炮"旁边另行钻一平行炮眼装药引爆，但两个炮眼距离不得小于 0.4 m，而且一定要找准炮眼方向（注意岩层节理，不得有裂纹连通瞎炮眼），切忌盲目开钻造成事故。

爆破时，爆破人员应随身佩带手电筒，并设故障照明，严禁用明火照明。

当两工作面接近贯通时，两端应加强联系并统一指挥。岩石隧道两工作面距离接近

15 m（软岩为 20 m）、一端装药放炮时，另一端人员应撤离到安全地点。导坑已打通的隧道，两端施工单位应协调放炮时间。放炮前要加强联系和警戒，严防对方人员误入危险区。土质或岩石破碎隧道接近贯通时，应根据岩性适当加大预留贯通的安全距离，此时只准一端掘进，另一端的人员和机具应撤离至安全地点。贯通后的导坑应设专人看管，严禁非作业人员通行。

不得采用明火起爆，装药与钻眼不得平行作业。当采用钻孔台车平行钻凿深孔爆破并采取了下列措施时，可不受此项限制。

①施工单位应制定操作细则，并经批准。
②钻孔与装药顺序自上而下。钻孔与装药孔至少隔开了一排，其距离不小于 2.5 m。
③钻孔与装药人员必须分区。

爆破器材加工房应设在洞口 50 m 以外。若洞口距开挖面大于 1 000 m 时，可在洞内适当地点设立加工房，但应符合下列规定。

①存储药量仅限于当班用量。
②洞深应大于 10 m，并与隧道中线形成 60°的交角，设有两道外开的门。
③设立明显的标志和专人看守。
④加工房应设在坚固的围岩中，并应设置栏杆，严禁无关人员入内。

五、洞内运输

各类进洞车辆必须处于正常运行状态，严禁人料混载，并做好进出洞记录。

进洞的各类机械与车辆宜选用带净化装置的柴油机动力。燃烧汽油的车辆和机械不得进洞。

所有运载车辆不准超载、超宽、超高运输。装运大体积或超长料具时，应有专人指挥、专车运输，并设置显示界限的红灯，物件应绑扎牢固。

进出隧道的人员应走人行道，不得与机械或车辆抢道，严禁扒车、追车或搭车。

人工装渣时，应将车辆停稳并制动。漏斗装渣时，应有联络信号。装满渣时应发出停漏信号，并及时盖好漏渣口。接渣时，漏斗口下不得有人通过。人力卸渣时，应将车辆停稳并制动，严禁站在斗车内扒渣。

机械装渣时，坑道断面应能满足装载机的安全运转。当采用新型机械设备时，线路铺设标准应符合机械轨距的要求。

在装渣前及装渣过程中，应检查开挖面围岩的稳定情况。发现松动岩石或有塌方征兆时，必须先处理再装渣。

装渣机械在操作中，其回转范围内不得有人通过、装渣机上的电缆或高压胶管，应有专人收放。

用扒渣机装渣时，若遇岩块卡堵，装渣人员严禁用手直接搬动岩块，其身体任何部分不得接触传送带。

装渣时若发现渣堆中有残留的炸药雷管，应立即处理。

机械装渣的辅助人员应随时留心装渣和运输机械的运行情况，防止挤碰。

洞内采取有轨运输时，应遵守下列规定。

①洞内平曲线半径不应小于车轴距的7倍，洞外不应小于10倍。

②双线运输时，其车辆错车净距应大于0.4 m，车辆距坑壁或支撑边缘的净距不应小于0.2 m。

③单线运输时，在一侧应设宽度不小于0.7 m的人行道，并在适当地点设错车道，其长度应能满足最长列车运行的要求。

④洞内轨道坡度应与隧道纵坡一致，卸渣地段应设不小于1%的上坡道。

⑤在线路尽头应设置挡车装置和标志，以及足够宽的卸车平台。

⑥运输线路应有专人维修、养护，线路两侧的废渣和余料应随时清理。

⑦有轨运输行车速度与列车间距应符合要求。

⑧机动车牵引运输应符合下列安全技术要求：非值班驾驶员不得驾驶机动车；驾驶员不得擅离工作岗位，当离开时，应切断电源、拧紧车闸、开亮车灯；列车运物料时的制动距离不得超过40 m，运送人员时的制动距离不得超过20 m。

⑨当机动车被当作运人车使用时应符合下列要求：发车前，应检查各车的连接装置、轮轴和车闸等，确认无故障后方可启动机动车；机动车速度不得超过10 km/h；乘车人员所携带的工具和物件不得露出车外，列车运行中和尚未停稳前，人员不得上下车，车辆之间严禁过人。

⑩轨道车尽头处应有挡车装置，卸渣轨道应设不小于1%的上坡道。

⑪坡道上停车应加止轮器。

⑫斜井装渣应符合下列规定：装渣人员在空车到达井底停稳之后，方可走出待避所开始装渣，装完后人员应进入待避所，信号员向井上发出提升信号时，方可提升装渣车；

装渣高度不得高出车厢上口；用扒渣机装渣时，距作业面的斜长安全距离不宜小于 6 m；装渣时斗车进入槽下接渣，扒渣机操作员应在栏杆旁操作，其余人员必须退至安全地点；每次使用扒渣机的钢丝绳后，均应对其检查，当一个捻距内断丝面积达到钢丝绳总面积的 10%时，应立即更换。

洞内采取无轨运输时，应符合下列规定。

①无轨运输车辆的限制速度应符合规定。

②隧道施工采用无轨运输时，在洞口、平交道口、狭窄的施工场地，应设置"缓行"标志，必要时设专人指挥交通。

③凡接近车辆限界的施工设备与机械（如停放在洞内的车辆、施工机械、模板台车）均应在其外缘设置低压红色闪光灯，显示限界。洞内电线、风管、水管应设置在车辆不易刮碰的位置。

④车辆行驶时，严禁超车；会车时两车间的安全距离应大于 50 cm；同向行驶的车辆，两车间的距离应大于 20 m。

⑤洞外卸渣处的路面应做成 4%的上坡段，在渣堆边缘内 80 cm 处必须设置挡木及标志。

⑥洞内倒车与转向，必须开灯、鸣笛并由专人指挥。

⑦洞内车辆相遇或有行人通行时，应关闭大灯，改用小灯。

⑧无轨运输车辆在洞内行驶时，施工人员必须遵守下列安全规定：不准与车辆、机械抢道；不准扒车、追车和强行搭车。

⑨无轨运输车辆使用前应详细检查，不得带故障运行，启动前应瞭望和鸣笛，驾驶室不得搭载其他人员，不得超速行驶。

洞内采取人力推斗车运输时、应符合下列规定。

①翻转式斗车应有卡锁，运行及装车时必须将卡锁锁住。

②人力推车时，应在后方推行，严禁在两侧推行或肩扛推；但在上坡时，允许在前面帮助拖拉，拉绳必须牢固；在视线不良及有障碍物的施工地段，应及时发出信号（鸣笛）。

③下坡时严禁溜放。

爆破器材运输应符合下列规定。

①洞内及辅助坑道内运输爆破器材应满足下列要求：由专人护送，其他人员不得搭乘运输车辆；雷管与炸药应分别运送，电雷管应装在绝缘箱内运送；运送前应通知卷扬

机驾驶员和井口上下的联络员；运送硝化甘油炸药或雷管时，罐笼内只准放一层炸药箱或只放雷管，罐笼提升的速度不得大于 2 m/s，运送其他炸药时，炸药箱堆放高度不得超过罐笼高度的 2/3，且不得高于 1.2 m；在装有炸药的罐笼或吊桶内，除爆破工或护送人员外，不得有其他人员；在交接班、人员上下井的时间内，不得运送；爆破器材不得放在井口房、井底车场或其他坑道内。

②有轨机动车运送炸药应满足下列要求：炸药和雷管不宜在同一列车内运输，如同一列车运输，装有炸药和雷管的车辆之间，以及装有雷管车辆与机动车之间都必须间隔 3 个空车厢；硝化甘油炸药或雷管必须装在专用的带盖的木质车厢内，车厢内应铺垫胶皮或麻袋，并只准堆放一层炸药箱；其他炸药可以装在矿车内，堆放高度不得超过矿车的边缘；列车的行驶速度不得超过 5 km/h，不得用皮带运输机运送爆破器材。

③用汽车运送爆破器材时，应符合下列规定：炸药与雷管应分别装在两辆车内，由专车运送，两车间距应大于 50 m，并派专人护送；运行中应显示红旗或红灯；汽车排气口应加防火罩；雷管或硝化甘油类炸药的装载不得超过 2 层。

六、支护

（一）隧道支护

隧道各部（包括竖井、斜井、横洞及平行导洞）开挖后，除围岩完整坚硬以及设计文件中规定的不需支护者外，都必须根据围岩情况、施工方法采取有效的支护。

施工期间，应对支护各部定期、不定期进行检查。在不良地质地段每班应设专人随时检查，当发现支护变形或损坏时，应立即整修和加固；当支护变形或损坏情况严重时，应先将施工人员撤离现场，再行加固。

洞口地段和洞内水平坑道与辅助坑道（横洞、平行导坑等）的连接处，应加强支护或及早进行永久衬砌。洞口地段的支撑宜向洞外多架 5~10 m 的明厢，并在其顶部加压以稳定支撑，待洞口建筑全部完工后方可拆除。

隧道支护施工必须紧跟隧道开挖作业面及时进行。支护至开挖面的距离一般不得超过 4 m，同时应按设计要求进行监控量测的相关作业，支护应及时封闭成环。当短期停工时，应将支撑直抵工作面。

漏斗孔开挖时应加强支护，并加设盖板；供人上下的孔道应设置牢固的扶梯。

采用木支撑时，应选用松、柏、杉等坚硬且富有弹性的木材。其梁、柱的梢径不得小于 20 cm；其他连接杆件梢径不得小于 15 cm，木板厚度不得小于 5 cm。本支撑宜采用简单、直立、易于拆立的框架结构，并应保证坑道的运输净空。采用木支撑时，必须采取有效的防火措施，防止洞内火灾。

在渣堆上作业时，应避免踩踏活动的岩块。

在梯、架上作业时，安置应稳妥，有专人监护。

构件支撑的立柱不得置于虚渣和活动石块上。在软弱围岩地段、立柱底面应加设垫板或垫梁。各排支撑要纵向联系横撑，使之连接牢固构成整体。

正洞与辅助坑道（横洞、平行导坑）的连接处应加强支护，并及早进行二次衬砌。

当发现已锚固区段的围岩有较大变形或锚杆失效时，应立即会同技术人员分析研究并采取有效措施。

对开挖后自稳程度很差的围岩应采取超前锚杆、超前大管棚、超前预注浆等方法进行预支护。

傍山或浅埋隧道施工时，应控制拱顶的最大允许沉降量，并对洞内拱顶和地表布置的测点定时观测。当发现洞内和地表位移值等于或大于允许位移值以及洞内或地面出现裂缝时，必须立即通知作业人员撤离现场，待制定处理措施后再行施工。

在不良地质隧道中喷锚支护应有钢架支撑备用品，以备急需。

喷锚地段的危石应及时处理。在清除松动困岩、冲洗受喷面时，工作区内严禁作业人员停留。

施工台车或施工台架应牢固稳定，台架上应铺满底板，周边应设置防护栏杆。

照明设施应符合安全要求。

（二）锚固注浆支护

注浆工作面的操作人员应戴防护口罩、防护眼镜、橡胶手套及专用外套。

如果操作人员的眼睛、脸部或皮肤接触浆液，应立即用清水或生理盐水彻底冲洗 20 min，严重者送医院治疗。

应加强相关人员的环境保护意识，对废液、冲洗液以及沾染有浆液的弃物均应妥善处理。

对使用的钻孔设备经常进行安全检查；应设置各种安全防护罩，电器部分应安装漏电保护器。

钻孔作业抽换钻杆时，应防止钻杆被高压泥水冲出孔口进而伤人。

钻孔中发生大量突泥涌水时，应集中全力及时注浆封堵。

加强统一指挥，在钻注作业中发生异常情况时，要及时处理，确保人员安全。

向锚杆孔压注砂浆，压力应不大于 0.2 MPa；注浆管喷嘴严禁对人放置，在未打开风阀前不得搬动或开启封盖。

在高于 2 m 的高处进行的钻眼、安装锚杆、挂钢筋网以及喷射混凝土作业，应符合高处作业的有关规定。

（三）喷射混凝土支护

喷射混凝土施工必须定机、定人、定岗，认真执行安全操作规程；机械检修时，必须停机，锁定电源开关并悬挂相关指标牌；喷射机连接的风水管路应牢固、通畅。

在喷射混凝土作业开始前，仔细检查围岩受喷面，彻底清理危石。

喷射混凝土时，禁止施工人员站在料管接头附近（特别是输料管前端）。

根据喷射方式、混凝土配合比等条件，采用合适的降尘措施，控制空气中粉尘含量。从事喷射作业的人员应定期进行健康检查，接触速凝剂时必须戴橡胶手套。

检修泵及管路时，必须停泵并关、上闸阀，停几分钟后方可进行检修工作。

严禁将喷嘴对准施工人员。

清除开挖面上开裂的喷射混凝土时，人员不得处于被清除物的正下方。

应把喷层的异常裂缝作为主要安全检查内容之一，对其经常进行观察与检查，并将其作为施工危险信号引起警惕，尤其是全断面开挖的拱圈、拱顶部分。

当拌和机设在洞内时，应对拌和机以及其他机械的回转部分予以覆盖，防止发生卷夹事故。必要时、应在拌和机所在位置附近设置集尘机，做好局部空气净化。

在开始喷射作业前，应由专人仔细检查管路、接头等，防止在喷射时发生因软管破损、接头断开等引起的事故。

当采用人工喷射时，应配备辅助喷射支架，防止在发生管路堵塞时因喷嘴剧烈振动而引起的危害。当转移喷射地点时，必须先关闭喷射机，其喷嘴前方禁止站人。

在作业中如发生风、水、输料管路堵塞或爆裂时，必须依次停止风、水、料的输送，喷头应有专人看护，以防消除堵塞后喷头摆动进而伤人。

在锚喷支护体系的监控量测中若发现支护体系变形、开裂等险情，应采取补救措施。当险情危急时，应将人员撤出危险区。

使用超前锚杆或超前小导管支护时，应有防护措施。

为避免供料、拌和、运输、喷射作业之间的干扰，应建立各工序之间的联络信号和联络方法。喷射作业应由组长按规定的信号、方法进行指挥，防止因喷射人员和机械操纵人员联络不佳造成事故。

（四）钢架支护

在搬运钢架过程中，应将构件绑扎牢固，以防发生碰撞伤人、车辆倾覆、构件坠落等事故。

钢架的架设应由专人按规定的信号进行指挥，随时观察围岩动态或喷射混凝土的情况，防止落石、坍塌引起伤人事故。

在架设钢架前，应采用垫板等将基础面垫平。架设钢架时，应采用纵向连续杆将相邻的钢架系牢，防止钢架倾覆或扭转。

当紧固顶部连接螺栓、楔紧钢架时，作业人员应以正确的姿势站立在平稳、牢固的脚手架上，并需系安全带，防止发生坠落事故。

对已安装的钢架应经常检查。如发现扭曲、压曲等现象或征兆时，必须及时采取加固措施，必要时应使其他人员撤到安全地带，防止因坍塌造成的伤亡事故。

在安装钢架及钢筋网时，作业人员之间应协调动作，在本排钢架或本片钢筋网未安装完毕，并与相邻的钢架和锚杆连接稳妥之前，不得擅自取消临时支撑。

安装钢架支撑，应遵守起重和高空作业等有关安全规程，宜选用小型机具吊装。根据作业环境和作业强度，针对构件倒塌、歪曲，落石，人员坠落，混凝土硬化不充分产生剥落等情况要制定超前的预防措施。

抽换、拆除支撑时应"先顶后拆"，即先设辅助支撑将横梁托稳后再进行拆除，以防围岩松动或坍塌。

七、衬砌

（一）隧道衬砌

隧道各部开挖工作完成后，应及时进行衬砌，特别是洞门的衬砌必须尽早进行，地质不良地段的洞口必须首先完成衬砌。

衬砌施工应符合下列规定。

①衬砌工作台上应设置不低于 1 m 的栏杆。跳板、梯子应安装牢固，工作台的任何部位不得有钉子露头或突出的尖角。

②工作台、跳板、脚手架的承载重量不得超过设计要求，并在现场挂牌标明。工作台与脚手架的底板应铺设严密，木板的端头必须在支点上，严禁有探头板。

③吊装拱架、模板时，工作地段应有专人监护，在洞内倾卸材料时，人员与车辆不得穿行。

④在 2 m 以上的高处作业时，应符合相关规范的规定。

⑤检查、维修混凝土衬砌机械、压浆机械及管路时，应停机并切断风源、电源。

⑥机械转动部分应设置防护罩，电动机必须有接地装置。

⑦混凝土灌注前，应全面检查模板及支架结构状况、钢筋绑扎是否牢固、开挖面有无悬石塌落等情况，验收合格后方可进行浇筑作业。在捣固作业中，使用插入式振动器时，则应穿胶鞋、戴胶皮手套，软轴部分不得插入混凝土中，电源线的接头必须良好，湿手不得接触电源开关。

⑧衬砌洞门时应先检查仰坡、边坡、坡顶有无裂缝，及时消除坡面危石，尤其是在雨后更要认真检查，防止洞外坡面悬石坍塌。

⑨安装、拆除模板、拱架时，工作地段应有专人监护。拆下的模板不得堆放在通道上。

⑩严禁在洞内熬制沥青，在洞外熬制时应远离人员和房屋集中地点。

（二）模筑混凝土衬砌

①拱墙模板架及台车下应留足施工净空，以保证运输车辆正常通行。衬砌作业点应设明显的限界及缓行标志。

②台车工作台上应满铺底板。

③拆卸混凝土输送软管或管道时,必须先停止混凝土泵的运转。

④复合式衬砌防水层的施工台架应牢固,台架下净空亦应满足施工需要,作业时应设警示标志或有专人防护。

⑤混凝土两端挡头板应安装牢固、不漏浆,浇筑时必须两侧对称进行,不得使台车受到偏压。

⑥在模板台车前后轮的相反方向应用铁靴刹住车轮。

八、附属工程

(一) 竖井与斜井

应在施工前,做好竖井与斜井井口附近的修整工作,周围应修好排水沟、截水沟,以防止地面水侵入井中发生坍塌。竖井井口平台应比地面至少高出 0.5 m,井口应配有严密的井盖,只有当吊笼罐升降时,才准许打开井盖。

装配起爆药卷应在距井口 50 m 以外的加工房内进行。起爆药卷应由爆破工携送下井,除起爆药卷外,不得携带其他炸药。

每次爆破之后均应有专人清除危石和掉落在井圈上的石渣,并应修整被打坏的支撑,待清修完毕后,才准进行正常工作。

当工作面附近或井筒未衬砌部分发现有落石、支撑发响或大量涌水时,工作面施工人员应立即沿安全梯或使用提升设备撤至井外,并报告上级处理。

在吊盘上工作的人员的工具,应妥善地放在工具袋内,使用时应牢固地拴在身上或其他固定物上,不得将不使用的工具放置在附近的支撑上。

在井口明显部位应设置醒目的安全标志和有关施工技术安全规则。井口及井底应悬挂有关信号。

斜井与竖井施工应符合下列规定。

斜井与竖井的开挖和支护,除应符合相关规范的有关规定外,还应符合下列规定:装药前工作面附近的机具应提升至安全地点;爆破前所有人员必须撤至井外。

斜井运输应符合下列规定:斜井采用有轨运输时,其运行速度应符合相关规定,在接近洞口与井底时运输速度不得大于 2 m/s。当凿井长度大于 100 m 时,应在距井口下 20 m 处设挡车器或挡车栏；在接近井底 60 m 处或岔前 35 m 处设第二道挡车器或挡车栏，挡车器必须经常处于正位关闭状态，放车时方可打开。车辆在井内行驶过程中（含中途停留），井内严禁人员通行与作业。井口、井下及卷扬机机房应有联络信号，提升、下放与停留应有明确的色灯或音响等信号规定。主、副井口应设专职的信号员，负责接发车工作，卷扬机操作员未得到井口信号员发出的信号，不得擅自开动、停车和改变运行速度。在运送人员的斜井中，应在车厢内装设紧急信号装置，以便在运行中能随时发送紧急信号。斜井的井底停车场应设避车洞，井底附近的固定机械、电器均应设置在专用洞室之内。车辆连挂提升时，应有可靠的连接装置和断绳保险器，挂钩均应加保险栓，车与车之间应增加连接保险钢丝绳。人员上下井时，不得乘坐箕斗或斗车。

斜井的垂直深度超过 50 m 时，应配备运入车，使用运入车应符合下列规定：车辆必须有顶盖，并装有自动防溜和手制动防溜装置；运送人员前，应检查车辆的连接装置、保险链和防溜装置；乘员及携带的工具器材不得超出车厢；不得超员。

竖井提升应符合下列规定。

吊桶升降应满足下列要求：运送人员速度不得超过 5 m/s，无稳绳地段速度不得超过 1 m/s；运送石渣和其他材料的速度不得超过 10 m/s，无稳绳地段速度不得超过 2 m/s；运送爆破器材速度不得超过 1 m/s。吊桶必须沿钢丝绳罐道升降，在施工初期尚未设罐道时，吊桶升降距离不应超过 40 m。吊桶与提升钢丝绳应采用钩头连接。吊桶上方应设置保护设施。乘坐人员不得坐在吊桶边缘，身体的任何部分不得超出桶沿。用自动翻转式吊桶升降人员时，应有防止吊桶翻转的装置。吊桶提升到地面时，人员必须从地面出车平台出入吊桶，并应在吊桶停稳和井盖门关闭以后进出。双吊桶提升时，井盖门不得同时打开。当吊桶通过吊盘喇叭口接近井口或井底时，均应减速。

在竖井使用吊笼期间，均应安装导向设备。吊笼导向槽和钢轨罐道之间的间隙不得大于 10 mm，钢轨罐道和罐笼导向槽在一侧磨损量达到 10 mm 时，必须更换。

罐笼升降应满足下列要求。罐顶应设置铁盖或铁门。罐底必须满铺钢板，当罐底下面有阻车器的连接装置时，应设检查门。进出矿车的罐笼内应安装阻车器。提升或下放的最大载重量应在井口设标牌公布；罐笼装载的人数应按每人在罐笼内至少占用 0.2 m² 的有效面积计算；罐笼的净空高度不得小于 1.1 m；允许乘载的最多人数应在井口及罐笼内标明。提渣、升降人员和下放物料的速度不得超过 3 m/s，加速度不得超过 0.25 m/s²。用罐笼升降超限设备、构件时，应制定专项的安全措施，并将其上报，经批准后实施。

罐笼（吊桶）提升时，钢丝绳的偏角不得超过 30°。提升容器、连接装置、防坠器、罐耳、罐道绳、阻车器、托台、装卸渣设备时，天轮、钢丝绳以及卷扬机等各部分必须设专人检查。建井时使用无防坠器的罐笼升降人员时，应有专门的安全措施。罐笼升降作业时，下面不得有人员逗留。

罐道和罐耳的磨损达到下列程度时，必须更换：木罐道任一侧磨损超过 15 mm 或其总间隙超过 40 mm；钢轨罐道轨头任一侧磨损超过 10 mm 或轨腰磨损超过原厚度的 25%，罐耳的任一侧磨损超过 10 mm 或在同一侧罐道与罐耳的总磨耗量超过 10 mm 或者罐耳和罐道的总间隙超过 20 mm；组合钢罐道任一侧的磨损超过原有厚度的 50%；钢丝绳罐道和滑套的总间隙超过 15 mm；提升装置必须装有信号装置和备用信号装置，井底车场和卷扬机操作员之间应设直通电话；井底车场的信号应经由井口联络员转发，除发送紧急停车信号或用箕斗提升（不包括带乘人的箕斗）外，井底车场不得直接向卷扬机操作员发信号。

斜、竖井提升的钢丝绳必须符合使用要求，在使用前应进行拉力试验，并在使用中定期检查、修理和更换。

（二）横洞与平行导坑

横洞、平行导坑的开挖与支护，其安全技术要求应与正洞相同。

横洞和平行导坑的开挖，应根据围岩级别、断面大小合理选用开挖方法。当其与正洞的距离小于 10 m 时，应采用控制爆破技术。

平行导坑的掘进应超前于正洞。超前距离可视施工条件确定，宜大于两个临时横通道的间距。临时横通道间的距离应根据施工需要、正洞工程进度及地质情况确定。

平行导坑横通道的交叉口开挖应一次完成。

横洞和平行导坑都应设置完整、通畅的排水系统。

九、通风、防尘与防毒、水电、照明、排水及防火

（一）通风

通风工程应符合相关设计和施工规范的要求，保证隧道内有足够的新鲜空气。洞内空气中，有毒、有害物质的浓度必须符合国家规定。

全断面开挖时的风速不应小于 0.15 m/s；导坑内不应小于 0.15 m/s，亦不大于 6m/s。

作业开挖面复工时，必须进行通风和分析空气中有害气体浓度。确认符合标准后，施工人员方可进入。

导坑开挖面风流中，按体积计氧气不得低于 20%，二氧化碳不得超过 0.5%。

每月至少分析一次隧道内的空气成分，至少检测一次空气中的含尘量。

隧道作业中的通风设施应设专职人员进行管理。

任何人员严禁在风管的进出口附近停留。通风机停止运转时，任何人员不得靠近通风软管行走或在软管旁边停留，不得将任何物品放在通风管或管口上。

软管通风机安装的位置应距洞口不少于 20 m。

风动机械与软管连接必须牢固，应在停机或关机后拆卸连接风管。

风管网络中应分段设控制闸阀；检修风管时，应先关闭控制该部分管路的闸阀。

供风系统在使用期间应有专人检查养护，以保护供风管路。

隧道内的作业温度不宜超过 28 ℃。

长大隧道施工，须编制专项通风方案，保证隧道内作业环境符合相关标准。

（二）防尘与防毒

隧道施工时应采取综合防尘、防毒措施，并定期检查粉尘及有害气体的浓度，必须保证隧道内有足够的新鲜空气。

喷射混凝土时粉尘浓度高于标准时，应采取防尘措施。

隧道施工单头掘进长度超过 200 m 时，应使用通风设备。

修建长大隧道时，在凿岩和装渣工作面应做好下列防尘工作。

①放炮前后必须进行喷雾洒水。

②出渣前应用水淋湿渣堆。

③在压入式的出风口，宜设置喷雾器。

④隧道较长而又无辅助坑道时，宜采用混合式风管通风。如果混合式风管通风达不到要求，应采用人工风道或风墙的巷道式、管道式通风。

风道或风管与掌子面距离不得小于 10 m。若风道和风管属易损物，可在放炮时进行掩盖或移至安全处。

严禁在隧道施工时采用干式凿岩机。

有害气体浓度接近临界值时，应立即停止施工，施工人员需撤离至安全区域。洞内空气中有毒、有害物质的浓度必须符合国家规定标准。

①每立方米空气中含有10%以上的游离二氧化硅的粉尘必须控制在2 mg以下。

②一氧化碳浓度不大于30 mg/m³；在特殊情况下，施工人员必须进入工作面时，其浓度也不应超过100 mg/m³，作业时间不得超过30 min。

③二氧化碳按体积计，其浓度不得大于0.5%。

④氮氧化物换算成NO_2，其浓度应控制在5 mg/m³以下。

⑤瓦斯隧道装药爆破时，爆破地点20 m内，风流中瓦斯体积分数必须小于1%；总回风道风流中瓦斯体积分数小于0.75%；开挖面瓦斯体积分数大于1.5%时，所有人员必须撤至安全地点。

（三）水电

1.施工供水应符合的规定

①水池位置不宜设在隧道的顶部，应根据机械及管路的要求控制过高水压。

②机械抽水应有专人负责，当抽水机房设在河边时，应有防洪措施。水池与机房之间应有信号联系。

③供水管路铺设宜避开交通繁忙地区和地质不良地段，管路铺设不宜采用高架的形式。

④检修供水管路前，应先关闭控制该段管路供水的闸阀。

2.施工供电应符合的规定

①设有斜井、竖井的隧道，在施工中应由两路独立的电源供电。当一路电源停电时，另一路电源能保证全部负荷的供电。

②洞内及井下配电变压器不得采用中性点直接接地方式。

③成洞地段采用10 kV高压电缆送电及在洞内设置10 kV变电站时，应制定专项的安全技术措施。

④除需符合以上规定外，还应符合隧道施工安全用电的有关规定。

（四）照明

隧道内的照明灯光应保证亮度充足、均匀。照明灯安装的高度及功率，应根据开挖断面的大小、施工工作面的位置选择。

隧道内用电线路，均应使用防潮绝缘导线，并按规定的高度用瓷瓶悬挂牢固。不得将电线挂在铁钉和其他铁杆上或捆扎在一起。开关外应加木箱盖，采用封闭式熔断器。如使用电缆，应将其牢固地悬挂在高处，不得放在地上。

隧道内各部照明电压应符合以下要求。

①开挖、支撑及衬砌作业地段为 12～36 V。

②成洞地段为 110～220 V。

③手提作业灯为 12～36 V。

隧道内的用电线路和照明设备必须设专人负责检修管理，检修电器与照明设备时应切断电源。

在潮湿及漏水隧道中的电灯应使用防水灯口。

（五）排水

在有地下水排出的隧道，必须挖凿排水沟。抽水机械的安装地点应在导坑的一侧或另开偏洞安装，并用栅栏与隧道隔离。

抽水机械宜采用电力机械，不得在隧道内使用内燃抽水机。抽水机械应有一定的备用台数。

开挖隧道中，如预计要穿过涌水地层且采用超前钻孔探水，应查清含水层厚度、岩性、水量、水压等，为防治涌水提供依据。

如发现工作面有大量涌水，应立即令工人停止工作，并撤至安全地点。

（六）防火

各洞、井口施工区，以及洞内机电硐室、料室、皮带运输机等处均应设置有效且数量足够的消防器材，并设明显标志，定期检查、补充和更换消防器材，不得将消防器材挪作他用。

距洞口 20 m 范围内的杂草必须清除。火源应距洞口至少 30 m 以外。库房 20 m 范围内严禁烟火。洞内严禁明火作业与取暖。

洞内及各硐室不得存放汽油、煤油、变压器油和其他易燃物品。清洗风动工具应在专用硐室内，并设置向外开的防火门。

洞内衬砌使用的防水材料等易燃物品数量不得超过当班用量；铺设防水板时需明火作业的，必须有专人监护；动火区内应配置足够的消防器材。

第六章 公路工程施工项目成本管理

第一节 公路工程施工项目成本的概念及分类

一、公路工程施工项目成本的概念

施工成本是指建设工程项目的施工过程中所产生的全部生产费用的总和。施工项目成本是施工单位的主要产品成本，亦称工程成本，一般以项目的单位工程作为成本核算对象，通过对各单位工程成本的核算来综合反映施工项目成本。

公路施工单位的基本活动是建造公路建筑产品，如公路、桥梁以及其他交通工程设施等。在建造公路建筑产品过程中会产生各种耗费，包括劳动对象的耗费、劳动手段的耗费以及劳动力的耗费等，这些耗费的货币表现就是生产费用。

二、公路工程施工项目成本的分类

（一）按成本管理的要求分类

1. 预算成本

公路工程施工项目具有多样性、固定性和生产周期长的特点，在公路工程施工项目的建设中需要通过编制预算来确定产品价格。预算成本是根据施工图，按分部、分项工程的预算单价和取费标准计算的工程预算费用。工程预算成本加间接费、利润和税金，即为工程项目的预算造价。在招标、投标时，预算造价是施工单位与发包单位签订承包合同和进行工程价款结算的主要指标。

预算成本是确定公路工程造价的基础，也是编制计划成本的依据和评价实际成本的依据。

2.计划成本

计划成本是指公路工程施工项目经理部根据计划期有关资料（如工程的具体条件和施工单位为实施该项目的各项技术组织措施），在实际成本发生前预先计算的成本，也就是施工单位考虑降低成本措施后的成本计划数。

计划成本反映了企业在计划期内应达到的成本水平，对于加强施工单位和项目经理部的经济核算工作，建立和健全施工项目成本管理责任制，控制施工过程中的生产费用以及降低施工项目成本具有十分重要的作用，是施工项目成本分析和考核的重要依据之一。

3.实际成本

实际成本是公路工程施工项目在报告期内实际发生的各项生产费用的总和，是反映施工单位施工管理水平，考核企业成本和任务完成情况的重要依据之一。

实际成本与计划成本比较，可揭示成本的节约和超支情况，也可考核企业施工技术水平、技术组织措施的贯彻执行情况和企业的经营效果。实际成本与预算成本比较，可以反映工程盈亏情况。计划成本和实际成本都能反映施工单位成本水平，施工单位的成本水平受企业本身的生产技术、施工条件及生产经营管理水平的制约。

（二）按计入成本的方法分类

按计入成本的方法分类，公路工程施工项目成本可分为直接费、间接费和税金三大类。

1.直接费

直接费是指公路工程施工过程中耗费的构成工程实体、有助于工程形成的各项费用，包括直接工程费（即人工费、材料费、施工机械使用费）和其他工程费，是构成施工项目成本的主要部分，是成本管理的重点。

（1）人工费

人工费是指列入概算、预算定额的，为直接从事公路工程施工的生产工人支出的各项费用。

（2）材料费

材料费是指公路工程施工过程中耗用的构成工程实体的原材料、辅助材料、构（配）

件、零件、半成品、成品的用量和周转材料的摊销量，按工程所在地的材料预算价格计算的费用。材料费在直接费中占有较大的比重。

(3) 施工机械使用费

施工机械使用费是指列入概、预算定额的施工机械台班数量按相应台班费用定额计算的施工机械使用费和小型机具使用费。随着施工机械化程度的提高，该项费用占直接费的比重在逐步增大。

(4) 其他工程费

其他工程费指直接工程费以外施工过程中发生的直接用于公路工程施工项目的费用。内容包括冬季施工增加费、雨季施工增加费、夜间施工增加费、特殊地区施工增加费（如高原地区施工增加费、风沙地区施工增加费、沿海地区施工增加费）、行车干扰施工增加费、安全及文明施工措施费、临时设施费、施工辅助费、工地转移费共九项。通过合理的施工组织，尽量避开冬、雨季施工，减少对施工的干扰因素，可以减少其他工程费的开支，降低工程成本。

2. 间接费

间接费由规费和企业管理费组成。

(1) 规费

规费是指法律、法规等规定施工单位必须缴纳的费用（简称规费），包括养老保险费、失业保险费、医疗保险费、住房公积金、工伤保险费等。规费以公路工程施工项目的人工费之和为基数，按国家或工程所在地法律、法规等规定的标准计算。

(2) 企业管理费

企业管理费由基本费用、主副食运费补贴、职工探亲路费、职工取暖补贴和财务费用组成。

基本费用：是指公路工程施工单位为组织施工生产和经营管理所需的费用，内容包括管理人员工资、办公费、差旅交通费、固定资产使用费、工具用具使用费、劳动保障费、工会经费、职工教育经费、保险费、工程保修费、工程排污费、税金、其他费用。

主副食运费补贴：是指公路工程施工单位为远离城镇及乡村的野外施工人员购买生活必需品所需增加的费用。

职工探亲路费：是指按照有关规定，公路工程施工单位的职工在探亲期间的往返车船费，市内交通费和途中住宿费等费用。

职工取暖补贴：是指按规定发放给职工的冬季取暖费或在施工项目上设置的临时取

暖设施的费用。

财务费用:是指公路工程施工单位为筹集资金而发生的各项费用,包括企业经营期间发生的短期贷款利息净支出、汇兑净损失、调剂外汇手续费、金融机构手续费以及企业筹集资金发生的其他财务费用。

3.税金

税金是指按国家规定应计入公路工程造价内的营业税、城市建设维护税及教育费附加。它有一个固定的数额标准。

按上述分类方法,能正确反映公路工程施工项目成本的构成,审核各项生产费用的使用是否合理,便于找出降低成本的途径。

第二节 公路工程施工项目成本管理的基本原则与措施

公路工程施工项目成本管理就是要在保证工期和质量满足要求的情况下,采取相应的管理措施,包括组织措施、经济措施、技术措施、合同措施,把成本控制在计划范围内,并进一步节约成本。

一、公路工程施工项目成本管理的基本原则

公路工程施工项目成本管理是公路工程施工单位成本管理的基础和核心,必须遵循以下基本原则。

(一)成本管理科学化原则

成本管理是企业管理学中的一个重要内容,企业管理要实现科学化,必须把有关自然科学和社会科学中的理论、技术和方法运用于成本管理。例如,在公路工程施工

项目成本管理中,可以运用预测与决策方法、目标管理方法、量本利分析方法和价值工程方法等。

(二)成本管理最低化原则

公路工程施工项目成本管理的根本目的,是通过运用成本管理的各种手段,不断降低施工项目的成本,以达到可能实现最低的目标成本的要求。但是,在实行成本最低化原则时应注意研究降低成本的可能性和成本最低的合理性,需要一方面挖掘各种降低成本的潜力,使可能性变为现实;另一方面要从实际出发,制订通过主观努力可能达到的合理的最低成本标准,并据此进行分析、考核和评比。

(三)成本管理责任制原则

为了实行全面成本管理,公路工程施工管理人员应对单位下达的指标负责,班组和个人对施工管理人员的成本目标负责,以做到层层分解,以分级、分工、分人的成本责任制作为保证,定期考核评定。成本责任制的关键是划清责任,并与奖惩制度挂钩,使各部门、各班组和个人都关心施工项目成本。

(四)成本管理有效化原则

所谓成本管理有效化,主要有两层含义:一是以最少的人力和财力,完成较多的管理工作,提高工作效率;二是促使施工管理人员以最少的投入,获得最大的产出。

提高成本管理的有效性,可以采用以下三种方法:一是采用行政方法,通过行政隶属关系,下达指标,制定实施措施,定期检查监督;二是采用经济方法,利用经济杠杆、经济手段实行管理;三是用法治方法,根据国家的政策方针和规定,制定具体的规章制度,使人照章办事,用法律手段进行成本管理。

(五)成本管理全面性原则

全面成本管理是全企业、全员和全过程的管理,亦称"三全"管理。长期以来,在公路工程施工项目成本管理中,存在"三重三轻"问题,即重实际成本的核算和分析,轻全过程的成本管理和对其影响因素的控制;重施工成本的计算分析,轻采购成本、工艺成本和质量成本;重财会人员的管理,轻群众性的日常管理。为了确保不断降低公路工程施工项目成本，达到成本最低化目的，必须实行全面成本管理。

二、公路工程施工项目成本管理的措施

为使公路工程施工项目成本管理达到理想的效果，应当从多方面采取管理措施，通常可以将这些措施归纳为组织措施、技术措施、经济措施和合同措施。

（一）组织措施

组织措施是从公路工程施工项目成本管理的组织方面采取的措施。施工项目成本控制是全员的活动，如实行项目经理责任制，落实施工成本管理的组织机构和人员，明确各级施工项目成本管理人员的任务和职能分工、权力和责任。施工项目成本管理不只是专业成本管理人员的工作，各级项目管理人员都负有成本控制责任。

组织措施的另一方面是编制公路工程施工项目成本控制工作计划，确定合理、详细的工作流程。要做好施工采购计划，通过生产要素的优化配置、合理使用、动态管理，有效控制实际成本；加强施工定额管理和施工任务单管理，控制活劳动和物化劳动的消耗；加强施工调度，避免因施工计划不周和盲目调度造成窝工损失、机械利用率降低、物料积压等。成本控制工作只有建立在科学管理的基础之上，具备合理的管理体制、完善的规章制度、稳定的作业秩序，实现完整、准确的信息传递，才能取得成效。组织措施是其他各类措施的前提和保障，而且一般不需要增加额外的费用，运用得当即可取得良好的效果。

（二）技术措施

公路工程施工过程中降低成本的技术措施包括：进行技术经济分析，确定最佳的施工方案；结合施工方法，进行材料使用的比选；在满足功能要求的前提下，通过代用、改变配合比、使用外加剂等方法降低材料消耗的费用；确定最合适的施工机械和设备使用方案；结合项目的施工组织设计及自然地理条件，降低材料的库存成本和运输成本；应用先进的施工技术和机械设备，运用新材料等。在实践中，也要避免仅从技术角度选定方案而忽视对其经济效果的分析论证。

（三）经济措施

经济措施是最易为人们所接受和采用的措施。管理人员应编制资金使用计划，对公路工程施工项目成本管理目标进行风险分析并制定防范性对策；对各种支出，应认真做好资金的使用计划并在施工中严格控制各项开支；及时准确地记录、收集、整理、核算实际支出的费用；对各种变更，应及时做好增减账、落实业主签证并结算工程款。通过偏差分析和未完成工程预测，管理人员可发现一些潜在的能引起未完工程施工成本增加的问题，对这些问题应以主动控制为主，及时采取预防措施。

（四）合同措施

合同措施应贯穿整个合同周期，包括从合同谈判开始到合同终结的全过程。对于分包项目，首先是选用合适的合同结构，对各种合同结构进行分析、比较，在合同谈判时，要争取选用适合于工程规模、性质和特点的合同结构。其次，应仔细考虑一切影响公路工程施工项目成本和效益的因素，特别是潜在的风险因素。通过对引起成本变动的风险因素的识别和分析，采取必要的风险对策，如通过合理的方式增加承担风险的个体数量以降低损失的比例，并最终将这些策略体现在合同的具体条款中。

第三节 公路工程施工项目成本管理的环节

公路工程施工项目成本是一项综合指标，其管理贯穿于施工生产经营活动的全过程，涉及物资消耗、劳动效率、技术水平、施工管理等方面，内容十分广泛。公路工程施工项目经理部在项目施工过程中，对所发生的各种成本信息，通过预测、计划、控制、核算和分析等一系列工作，促使施工项目正常运行，使施工项目的实际成本能控制在预定的计划成本范围内。成本管理的好坏直接影响企业所创造利润的多少，影响企业的经济效益。

从成本管理的角度来看，公路工程施工项目成本管理的主要环节包括：公路工程施工项目成本预测、公路工程施工项目成本计划、公路工程施工项目成本控制、公路工程施工项目成本核算、公路工程施工项目成本分析、公路工程施工项目成本考核。

一、公路工程施工项目成本预测

公路工程施工项目成本预测是采用科学的预测方法，根据掌握的各类信息资料，对未来生产经营活动进行定性研究和定量分析，从而预测未来的成本水平及其变动趋势。通过成本预测，可以使项目经理部在满足业主和公路工程施工单位要求的前提下，选择成本低、效益好的最佳成本方案并能够在施工项目成本形成过程中，针对薄弱环节，加强成本控制，克服盲目性，提高预见性。因此，公路工程施工项目成本预测是公路工程施工项目成本决策与计划的依据。

二、公路工程施工项目成本计划

公路工程施工单位的施工项目成本计划是在成本预测的基础上进行的，是公路工程施工单位为确定计划期内成本水平和成本目标而编制的指导性计划。

公路工程施工项目成本计划是项目经理部对施工项目成本进行计划管理的工具，它是以货币形式编制施工项目在计划期内的生产费用、成本水平、成本降低率以及为降低成本所采取的主要措施和规划的书面方案。它是该施工项目降低成本的指导性文件，是建立施工项目成本管理责任制、开展成本控制和核算的基础，也是设立目标成本的依据，公路工程施工单位应当在认真总结上期成本计划完成情况的基础上，根据企业计划期内计划完成的施工生产任务和相应的技术组织措施、施工组织设计、成本预测等资料，制订既切实可行又具有先进性的成本计划。

编制成本计划，既要以有关的计划为依据，又要与有关计划，特别是与利润计划相衔接。成本计划的实现，对于单位提高经济效益具有重要意义。

编制公路工程施工成本计划，需要广泛收集并整理相关资料，以这些资料作为施工成本计划编制的依据。在此基础上，根据有关技术文件、工程承包合同、施工组织设计、施工成本预测资料等，按照施工项目应投入的生产要素，结合各种因素变化的预测和拟采取的各种措施，估算施工项目生产费用支出的总水平，进而提出施工项目成本计划控制指标,确定目标总成本。目标总成本确定后,应将总目标分解落实到各级部门,以便有效地进行控制。最后,通过综合平衡,编制施工成本计划。编制施工项目成本计划,必须指标先进、切实可行,有科学论证。

(一)公路工程施工项目成本计划的编制依据

①投标报价文件。
②企业定额、施工预算。
③施工组织设计或施工方案。
④人工、材料、机械台班的市场价格。
⑤企业颁布的材料指导价、企业内部机械台班价格、劳动力内部挂牌价格。
⑥周转设备内部租赁价格、摊销损耗标准。
⑦已签订的工程合同、分包合同(或估价书)。
⑧结构件外加工计划和合同。
⑨有关财务成本核算制度和财务历史资料。
⑩施工成本预测资料。
⑪拟采取的降低施工成本的措施。
⑫其他相关资料。

(二)公路工程施工项目成本计划的编制程序

1.研究、分析资料

研究、分析资料是对计划期内降低成本水平和完成成本目标进行决策分析的过程。资料是编制成本计划的基础和主要信息来源。编制成本计划所必需的基础资料有以下几种。

①国家和上级主管部门下达的降低成本计划指标及其相关指标。
②施工单位年度成本计划与制定成本计划有关的各项经营管理计划,主要包括施工生产计划、劳动工资计划、物资供应计划、技术组织措施方案、年度报表和成本报表等,以及施工图预算、施工预算和施工组织计划等资料。
③包括材料、施工机械台班消耗等市场信息的各项技术经济定额和费用开支标准。
④施工单位之前有关施工项目的成本计划、实际资料和分析资料。

⑤其他有关资料。

收集上述资料后，要进行初步整理与分析，检查资料的真实性、完整性、代表性，剔除虚假因素并排除偶发因素干扰，认真比对，分析历史成本资料之间的差异，从中找出成本变化的一般规律。

2.确定计划成本目标

财务部门掌握了丰富的资料后，应对其加以整理、分析。根据有关的设计、施工等计划，按照工程项目应投入的物质、材料、劳动力、机械及各种设施等，结合计划期内各种因素的变化和准备采取的各种节约措施，进行反复测算、修订、平衡，估算生产费用支出的总水平，进而提出全项目的成本计划控制指标，以确定成本目标。然后，把成本目标以及总的目标分解落实到各个部门、班组。

3.编制成本计划草案

对于中大型项目，项目管理人员下达成本计划指标后，各职能部门应充分发动职工进行认真的讨论，在总结上期成本计划完成情况的基础上，结合本期计划指标，找出完成本期计划的有利和不利因素，提出挖掘潜力、克服不利因素的具体措施，以保证计划任务的完成。为了使指标真正落实，各部门应尽可能将指标分解落实到各班组及个人，使得目标成本的降低额和降低率得到充分讨论、反馈和再修订，使成本计划既能够切合实际，又能成为职工共同奋斗的目标。

各职能部门也应认真讨论项目管理人员下达的费用控制指标，拟订具体的技术经济措施方案，编制各部门的费用预算。

4.综合平衡，编制正式的成本计划

在各职能部门上报部门成本计划和费用预算后，项目管理人员首先应结合技术、经济措施，检查各计划和费用预算是否合理并进行综合平衡，使各部门计划和费用预算之间互相协调、衔接；其次，要从全局出发，在保证企业下达的成本降低任务或本项目成本目标实现的情况下，以生产计划为中心，分析研究如何使成本计划与生产计划、劳动工时计划、材料成本与物资供应计划、工资成本与工资基金计划等互相协调、平衡。经反复讨论，最后确定的成本计划指标，即可作为编制正式成本计划的依据。正式编制的成本计划，上报单位有关部门并经批准后即可正式下达至各职能部门。

（三）公路工程施工项目成本计划的编制方法

编制公路工程施工项目成本计划的核心是确定成本目标，这也是成本管理所要达到的目的。施工项目成本计划的编制方法主要有以下几种。

1. 按施工成本构成编制施工项目成本计划

按照成本构成要素进行划分，施工项目成本可以分解为人工费、材料费、施工机具使用费、措施项目费和企业管理费等，在此基础上编制按施工成本构成的施工成本计划。

2. 按施工项目组成编制施工项目成本计划

大中型工程项目通常是由若干个单项工程构成的，而每个单项工程包括了多个单位工程，每个单位工程又由若干个分部、分项工程所构成。因此，首先要把项目总施工成本分解到单项工程和单位工程中，再进一步分解到分部工程和分项工程中。

在编制成本支出计划时，要在项目总的方面考虑总的预备费，也要在主要的分项工程中安排适当的不可预见费，避免在具体编制成本计划时，可能发现个别单位工程的工程量表中某项内容的工程量计算有较大出入，让原来的成本预算失实。

3. 按施工进度编制施工项目成本计划

按施工进度编制的施工成本计划，通常可在控制项目进度的网络图的基础上，进一步扩充得到，即在建立网络图时，一方面确定完成各项工作所需花费的时间，另一方面确定完成这一工作合适的施工成本支出计划。在实践中，将施工项目成本计划分解为既能方便地表示时间，又能方便地表示施工成本支出计划的工作是不容易的。通常情况下，如果项目分解程度对时间控制合适的话，则对施工成本支出计划可能分解过细，以至于不可能对每项工作确定其施工成本支出计划；反之亦然。因此在编制网络计划时，应在充分考虑进度控制对项目划分要求的同时，还要考虑确定施工成本支出计划对项目划分的要求，做到二者兼顾。

三、公路工程施工项目成本控制

公路工程施工项目成本控制是按照成本计划制订的成本水平和降低的成本目标，对成本形成过程的生产耗费进行严格的计算、调节和监督，及时发现与预定的成本目标之间的差异并采取措施解决存在的问题，使工程的实际成本控制在预定的目标范围内，促使成本降低的管理活动。通过成本控制,最终达到实现甚至超过预期的成本目标的目的。

公路工程施工项目成本控制应贯穿在施工项目从招、投标阶段开始直到项目竣工验收的全过程,是企业全面成本管理的重要环节。由于成本费用涉及企业生产经营活动的各个方面和各个环节,因此必须实施全面的成本控制。所谓全面的成本控制,是指在生产经营全过程实施成本控制,对全部生产耗费实施成本控制和全体职工都参与成本控制。实施成本控制,还必须采取一定的组织形式,建立有效的成本责任制,即将构成成本的生产耗费,按生产耗费发生的范围进行分解,具体落实到有关职责部门或个人。实行成本责任制,采取责、权、利相结合,成本控制与业绩考核相结合的办法,可以实现降低成本、提高经济效益的目标。

公路工程施工项目成本控制具有三方面含义:一是对目标成本本身的控制;二是对目标成本形成过程的控制和监督;三是在过程控制的基础上,着眼未来,为之后降低成本指明方向。

(一)公路工程施工项目成本控制的依据

1. 工程承包合同

公路工程施工项目成本控制要以工程承包合同为依据,以降低工程成本为目标,从预算收入和实际成本两方面,研究节约成本、增加效益的有效途径,以获得最大的经济效益。

2. 施工成本计划

公路工程施工成本计划包括了预定的具体成本控制目标和实现控制目标的措施和规划,是施工项目成本控制的指导性文件。

3. 进度报告

进度报告提供了对应时间节点的实际工程完成量、工程施工成本实际支付情况等重要信息。通过把实际情况与施工成本计划进行比较,找出二者之间的差别,分析产生偏差的原因,从而采取改进措施以进行施工项目成本的控制。

4. 工程变更

在公路工程项目实施的过程中,由于各种原因,施工变更很难避免。一旦变更出现,工程量、工期、成本都有可能变化。因此,需要对变更要求的各类数据进行计算、分析,及时掌握变更情况,判断变更以及变更可能带来的索赔额度等。

除了上述几种施工成本控制工作的主要依据，施工组织设计、分包合同等有关文件资料也是施工项目成本控制的依据。

（二）公路工程施工项目成本控制的对象与内容

1.以施工项目成本形成的过程作为控制对象

工程投标阶段，应根据工程概况和招标文件，进行项目成本的预测，提出投标决策意见。

施工准备阶段，应结合设计图纸的相关资料，编制施工组织设计，通过对多方案的技术、经济比较，从中选择经济合理、先进可行的施工方案，编制具体的成本计划，对项目成本进行事前控制。

施工阶段，根据施工图预算、施工预算、劳动定额、材料消耗定额和费用开支标准等，对实际发生的成本费用进行控制。

竣工交付使用及保修期阶段，应对竣工验收过程发生的费用和保修费用进行控制。

2.以施工项目的职能部门和生产班组作为成本控制对象

成本控制的具体内容是各个部门和生产班组日常产生的各种费用和损失。各职能部门和班组应对自己承担的责任成本进行自主控制，同时接受项目经理和单位有关部门的指导、监督、检查和考评。

3.以分部、分项工程作为项目成本控制对象

为把成本控制工作做得扎实、细致，落到实处，还应对分部、分项工程进行项目成本的控制。在正常情况下，应根据分部、分项工程的实物工程量，参照施工预算定额及相关成本计划，编制包括工、料、机消耗数量、单价、金额的施工预算，作为对分部、分项工程成本进行控制的依据。

4.以对外经济合作作为成本控制目标

公路工程施工项目如设计对外经济业务，应以经济合同为纽带建立关系，明确双方的权利和义务。在签订经济合同时，除了要根据业务要求规定时间、质量、结算方式和履（违）约奖罚等条款，还必须强调将合同的数量、单价、金额控制在预算内。

（三）公路工程施工项目成本控制方法

1.人工费的控制

人工费的控制实行"量价分离"的方法，将作业用工及零星用工按定额工日的一定比例综合确定用工数量与单价，通过劳务合同进行控制。

（1）人工费的影响因素

人工费的影响因素有社会平均工资水平、生产消费指数、劳动力市场供需变化、政府推行的社会保障和福利政策等。其中生产消费指数的提高会导致人工单价的提高，政府推行的社会保障和福利政策也会影响人工单价的变动。

（2）控制人工费的方法

加强劳动定额管理，提高劳动生产率，降低工程耗用人工工日，是控制人工费支出的主要方法。

①制定先进合理的企业内部劳动定额，严格执行劳动定额。全面推行全额计件的劳动管理办法和单项工程集体承包的经济管理办法，以不超出施工图预算人工费指标为控制目标，实行工资包干制度。

②提高生产工人的技术水平和作业队的组织管理水平，根据施工进度、技术要求，合理搭配各工种工人的数量，减少和避免无效劳动。不断地改善劳动组织，创造良好的工作环境，改善工人的劳动条件，提高劳动效率。

③加强职工的技术培训和多种施工作业技能的培训，不断提高职工的业务技术水平和熟练操作程度，培养一专多能的技术工人，提高施工效率，降低工程耗用人工工日。

除上述方法外，实行弹性需求的劳务管理制度也是一种控制人工费支出的方法。对施工生产各环节上的业务骨干和基本的施工力量，要保持相对稳定。对短期需要的施工力量，要做好预测、计划管理，可通过单位内部的劳务市场及外部协作队伍进行调剂。

2.材料费的控制

材料费的控制同样按照"量价分离"的原则，在保证符合设计要求和质量标准的前提下，有效控制材料用量和材料价格，减少材料物资消耗。

（1）材料用量的控制

①定额控制。对于有消耗定额的材料，以消耗定额为依据，实行限额领料制度，在规定限额内，分期、分批领用，超过限额需查明原因，经过审批后方可领料。

②指标控制。对于没有消耗定额的材料，则实行计划管理和按指标控制的方法。根

据以往经验，结合实际情况，制定领用材料指标以控制发料，超过指标的材料需经过审批后方可领用。

③计量控制。准确做好材料物资的收发计量检查和投料计量检查。

④包干控制。在材料使用过程中，对部分小型及零星材料，根据工程量计算所需材料量，将其折算成费用，由作业者包干使用。

（2）材料价格的控制

材料价格主要由材料采购部门控制。材料价格由买价、运杂费、运输中的合理损耗费等组成。控制材料价格，主要是通过掌控市场信息，应用招标和询价等方式控制材料、设备的采购价格。

3.施工机械使用费的控制

合理选择施工机械设备对成本控制有着十分重要的意义。由于不同机械设备有着不同的特点，因此应根据工程特点和施工条件确定选择的机械设备类型与组合方式。在确定采用何种组合方式时，首先应考虑是否满足施工需要，其次要考虑费用的高低和综合经济效益。

施工机械使用费主要由台班数量和台班单价两方面决定，因此为有效控制施工机械施工费的支出，应主要从这两方面进行控制。

（1）台班数量

①根据施工方案和现场实际情况，选择适合项目施工特点的施工机械，制定设备需求计划，合理安排施工，充分利用现有机械设备，加强内部调配，提高机械设备的利用率。

②保证施工机械设备的作业时间，安排好生产工序的衔接，尽量避免停工、窝工，尽量减少施工中所消耗的机械台班数量。

③核定设备台班定额产量，实行超产奖励办法，加快施工生产进度，提高机械设备单位时间的生产效率和利用率。

④加强设备租赁计划管理，减少不必要的设备闲置和浪费，充分利用社会闲置机械资源。

（2）台班单价

①加强现场设备的维修、保养工作，降低大修、经常性修理等各项费用的开支，提高机械设备的完好率，最大限度地提高机械设备的利用率，避免因使用不当造成机械设备的停置。

②加强机械操作人员的培训工作,不断提高机械操作人员的操作技能,提高施工机械台班的生产效率。

③加强配件的管理。建立健全配件领用管理制度,严格按油料消耗定额控制油料消耗,做到修理有记录,消耗有定额,统计有报表,损耗有分析。通过经常分析总结,提高机械修理质量,降低配件消耗,减少修理费用的支出。

④降低材料成本。做好施工机械配件和工程材料采购计划,降低材料成本。

⑤成立设备管理领导小组,使其负责设备调度、检查、维修、评估等具体事宜。除此之外,该小组还要对主要部件及其保养情况建立档案,便于尽早发现问题,找到解决问题的办法。

四、公路工程施工项目成本核算

公路工程施工项目成本核算,是把一定时期内施工单位在施工过程中所产生的费用,按照其性质分类、归集、汇总、核算,计算出该时期生产经营费用总额,并分别计算出各种产品的实际成本和单位成本的管理活动。在进行公路工程工程成本核算时,首先,应对发生的费用进行审核,确认其是否属于生产耗费,能否计入工程成本,应计入哪类产品的成本等。其次,还要将确认的生产费用按用途进行归集、分配,按既定的成本核算对象分别计算其制造成本,确定最终产品的成本。

公路工程施工项目成本核算是施工项目成本管理中最基本的职能,离开了成本核算,就谈不上成本管理,也就谈不上其他职能的发挥,公路工程施工项目成本核算在公路工程施工项目成本管理中的重要地位体现在两个方面:首先,它是施工项目进行成本预测、制订成本计划和实行成本控制所需信息的重要来源;其次,它是施工项目进行成本分析和成本考核的基本依据。公路工程施工项目成本核算包括两个环节:一是按照规定的成本开支范围对施工费用进行归集和分配,计算出施工费用的实际发生额;二是根据成本核算对象,采用适当的方法,计算出公路工程施工项目的总成本和单位成本。

(一)公路工程施工项目成本核算对象

公路工程施工项目成本核算对象是指在计算工程成本中,确定、归集和分配生产费用的具体对象,即生产费用承担的客体。合理划分施工项目成本核算对象,是设立工程成本明细分类账户、归集和分配生产费用以及正确计算工程成本的前提条件。

确定公路工程施工成本核算对象时，应以每一独立施工图预算所列的单位工程为依据，并结合施工现场条件和施工管理要求，因地制宜地确定成本核算对象。实际成本核算中，确定公路工程施工项目成本核算对象时，一般有以下几种方法。

①一般应以每一独立编制施工图预算的单位工程为成本核算对象。

②一个单位工程由几个施工单位分包施工时，各施工单位都应以同一单位工程为成本核算对象，各自核算其自行施工的部分。

③对于规模较大、工期较长或者采用新技术、新工艺、新材料、新结构的单位工程，可将工程划分为若干部位，以分项工程作为成本核算对象。

④同一施工项目，同一施工地点，同一结构类型，开、竣工时间接近的若干个单位工程，合并作为一个成本核算对象。

⑤改建、扩建的零星工程，可以将开、竣工时间接近，属于同一施工项目的几个单位工程合并为一个成本核算对象。

⑥土石方工程、打桩工程，可以根据实际情况和管理需要，以一个单位工程作为成本核算对象，或将同一施工地点的若干个工程量较小的单位工程合并作为一个成本核算对象。

公路工程的成本核算，原则上是按月进行，由于条件限制，也可按季度进行核算。工程竣工决算后，应结算全部工程成本。全部工程实际成本的核算范围、项目设置和计算口径，应与国家有关财务制度、施工图预算、施工预算或成本计划取得一致；投标承包和投标包干的工程，应与中标价或合同价编制的施工预算取得一致。

确定公路工程成本的核算对象以后，在成本核算过程中不能随意变更。所有原始记录都必须按照确定的成本核算对象填写清楚，以便于归集和分配施工生产费用。为了集中反映和计算各个成本核算对象本期应负担的施工费用，财会部门应为每一个成本核算对象设置工程成本明细账目，并按照成本项目分设专栏来组织成本核算。

（二）公路工程施工项目成本核算的内容及工作流程

公路工程项目经理部在承建工程项目并收到设计图纸以后，一方面要进行现场"三通一平"等施工前期准备工作；另一方面，还要组织力量分头编制施工图预算、施工组织设计，降低成本计划和控制措施，工程施工过程中的各项施工费用，应按照确定的成本核算对象和成本项目进行归集,能直接计入有关核算对象的直接计入,不能直接计入的按照一定的分配方法分别计入各成本核算对象的成本,计算出各施工项目的实际成本,最后将实际成本与预算成本、计划成本进行对比核算。对比核算的内容,包括项目总成本和各个项目成本的相互对比。

对比的方法有两种:①通过实际成本与预算成本的对比,考核工程项目成本的降低水平;②通过实际成本与计划成本的对比,考核工程项目成本的管理水平。

五、公路工程施工项目成本分析

公路工程施工项目成本分析是指在成本形成过程中,对施工项目成本进行的对比评价和剖析总结工作。也就是说,公路工程施工项目成本分析主要利用施工项目的成本核算资料(成本信息),与目标成本(计划成本)、预算成本以及类似的施工项目的实际成本等进行比较,了解成本的变动情况,同时也要分析主要技术经济指标对成本的影响,系统地研究成本变动的因素,检查成本计划的合理性。成本分析工作贯穿于公路工程施工项目成本管理的全过程。

一方面,公路工程施工项目的成本分析就是根据统计核算、业务核算和会计核算提供的资料,对项目成本的形成过程和影响成本升降的因素进行分析,以寻求进一步降低成本的途径(包括项目成本中的有利偏差的挖潜和小利偏差的纠正)。另一方面,通过成本分析,可从账簿、报表反映的成本现象看清成本的实质,从而增强项目成本的透明度和可控性,为加强成本控制、实现项目成本目标创造条件。由此可见,公路工程施工项目成本分析也是降低施工项目成本、提高项目经济效益的重要手段之一。

(一)公路工程施工项目成本分析的内容

随着公路工程施工项目的进展而进行的成本分析,包括分部、分项工程成本分析,月(季)度成本分析,年度成本分析,竣工成本分析。

按成本项目进行的成本分析,包括人工费分析、材料费分析、机械使用费分析、其他直接费分析、间接成本分析。

对特定问题和与成本有关事项的分析,包括成本盈亏异常分析、工期成本分析、资金成本分析、技术组织措施节约效果分析,以及其他有利因素和不利因素对成本影响的分析。

（二）公路工程施工项目成本分析的方法

1.比较法

比较法，又称指标对比分析法，就是通过技术经济指标的对比，检查计划的完成情况，分析产生差异的原因，进而挖掘内部潜力的方法。这种方法具有通俗易懂、简单易行、便于掌握的特点，因而得到了广泛的应用，但在应用时必须注意各技术经济指标的可比性。

比较法的应用，通常有下列形式。

（1）将实际指标与计划指标对比

通过对比来检查计划的完成情况，分析完成计划的积极因素和影响计划完成的原因，以便及时采取措施保证成本目标的实现。在进行实际成本与计划成本对比时还应注意计划本身的质量，随时调整计划。

（2）本期实际指标与上期实际指标对比

通过这种对比，可以看出各项技术经济指标的动态情况，反映了公路工程施工项目管理水平的提高程度。一般情况下，一个技术经济指标只能代表施工项目管理的一个侧面，只有成本指标才是施工项目管理水平的综合反映。因此，成本指标的对比分析尤为重要。

（3）与本行业平均水平、先进水平对比

通过这种对比，可以反映本项目的技术、经济管理水平与其他项目的平均水平、先进水平的差距，进而采取措施赶超先进水平。

2.因素分析法

因素分析法，又称连锁置换法或连环替代法。这种方法，可用来分析各种因素对成本形成的影响程度。在进行分析时，首先要假定众多因素中的一个因素发生了变化，而其他因素不变，然后逐个替换并分别比较其计算结果，以确定各个因素的变化对成本的影响程度。

使用因素分析法的具体步骤如下。

①确定分析对象，即分析技术经济指标并计算出实际数与计划数的差异。

②确定该指标是由哪几个因素组成的，并按其相互关系进行排序。

③以计划预算数为基础,将各因素的计划预算数相乘,作为分析替代的基数。

④将各个因素的实际数按照自上而下的排列顺序进行替换计算,并将替换后的实际数保留下来。

⑤将每次替换计算所得的结果与前一次的计算结果相比较,两者的差异即为该因素对成本的影响程度。

⑥各个因素的影响程度之和应与分析对象的总差异相等。

3. 差额计算法

差额计算法是因素分析法的一种简化形式,利用各个因素的计划数与实际数的差额来计算各个因素对成本的影响程度。

4. 比率法

比率法是指用两个以上指标的比例进行分析的方法。它的基本特点是:先把对比分析的数值变成相对数,再观察其相互之间的关系。

常用的比率法有以下几种。

（1）相关比率

由于项目经济活动的各个地方是互相联系、互相依存又互相影响的,因而可以将两个性质不同而又相关的指标加以对比求出比率,并以此来考察经营成果的好坏。

（2）构成比率

构成比率又称比重分析法或结构对比分析法。通过构成比率可以考察成本总量的构成情况以及各成本项目占成本总量的比重,同时也可看出量、本、利的比例关系,即预算成本、实际成本和降低成本的比例关系,从而为寻求降低成本的途径指明方向。

（3）动态比率

动态比率法,就是将同类指标不同时期的数值进行对比,求出比率,以分析该项指标的发展方向和发展速度。动态比率的计算,通常采用基期指数（或稳定比指数）和环比指数两种方法。

5. 综合成本的分析方法

所谓综合成本是指涉及多种生产要素并受多种因素影响的成本费用,如分部、分项工程成本,月度成本等。由于这些成本都是随着项目施工的进展而逐步形成的,与生产经营有着密切的关系。

6. 年度成本分析

企业成本要求一年结算一次,不得将本年成本转入下一年度。项目成本则以项目的寿命周期为结算期，要求从开工到竣工，再到保修期结束连续计算，最后计算出成本总量及其盈亏。对于施工周期较长的项目，除了要进行月（季）度成本的核算和分析，还要进行年度成本的核算和分析。这不仅是为了满足单位汇编年度成本报表的需要，同时也是项目成本管理的需要。年度成本分析的依据是年度成本报表。年度成本分析重点是针对下一年度的施工进展情况规划切实可行的成本管理措施，以保证施工项目成本目标的实现。

六、公路工程施工项目成本考核

所谓公路工程施工项目成本考核，就是施工项目完成后，对施工项目成本形成中的各责任者，按施工项目目标责任制的有关规定，将成本的实际指标与计划、定额、预算进行对比和考核，评定施工项目成本计划的完成情况和各责任者的业绩，并以此给予相应的奖励和处罚。通过成本考核，做到有奖有惩，赏罚分明，才能有效地调动每一个职工的积极性，为降低施工项目成本和增加企业的效益作出自己的贡献。

（一）公路工程施工项目成本考核的概念

公路工程施工项目成本考核应该包括两方面的考核，即项目成本目标（降低成本目标）完成情况的考核和成本管理工作业绩的考核。这两方面的考核都属于企业对施工项目经理部成本监督的范畴。成本降低水平与成本管理工作有着必然的联系，它们同受偶然因素的影响，都属于项目成本评价的内容。施工项目成本考核的目的，在于贯彻落实责、权、利相结合的原则，促进工程项目成本管理工作的有效进行，更好地完成工程项目的成本目标。

（二）公路工程施工项目成本考核的内容

公路工程施工项目的成本考核可以分为两个层次：一是企业对公路工程项目经理的考核；二是公路工程项目经理对所属部门、施工队和班组的考核（对班组的考核，平时以施工队为主）。

企业对公路工程项目经理考核的内容：第一，项目成本目标和阶段成本目标的完成情况；第二，以项目经理为核心的成本管理责任制的落实情况；第三，成本计划的编制和落实情况；第四，对各部门、各施工队和班组责任成本的检查和考核情况；第五，在成本管理中贯彻责、权、利相结合原则的情况。

公路工程项目经理对所属各部门、各施工队和班组考核的内容：第一，对各部门的考核内容，包括本部门、本岗位责任成本的完成情况，本部门、本岗位成本管理责任的执行情况；第二，对各施工队的考核内容，包括对劳务合同规定的承包范围和承包内容的执行情况，劳务合同以外的补充收费情况，对班组施工任务单的管理情况，以及对班组完成施工任务后的考核情况；第三，对生产班组的考核内容（平时由施工队考核），以分部、分项工程成本作为班组责任成本，以施工任务单和限额领料单的结算资料为依据，与施工预算进行对比考核班组责任成本的完成情况。

（三）公路工程施工项目成本考核的实施

1.公路工程施工项目成本的考核采取评分制

具体方法先按考核内容评分，然后可按七与三的比例加权平均，即责任成本完成情况的评分占七成，成本管理工作业绩的评分占三成，这是一个经验比例，施工项目可以根据自身情况进行调整。

2.公路工程施工项目成本的考核要与相关指标的完成情况相结合

成本考核的评分是奖惩的依据，相关指标的完成情况是奖惩的条件。也就是在根据评分计奖的同时，还要参考相关指标的完成情况加奖或扣罚。与成本考核相结合的相关指标，一般有工期、质量、安全和现场标准化管理。

3.强调公路工程施工项目成本的中间考核

第一，月度成本考核。一般是在月度成本报表编制以后，根据月度成本报表的内容进行考核。在进行月度成本考核的时候，将报表数据、成本分析资料和施工生产、成本管理的实际情况相结合作出正确的评价。第二，阶段成本考核。按项目的形象进度划分项目的施工阶段，一般可分为基础、结构、装饰、总体等四个阶段。如果是高层建筑，可对结构阶段的成本进行分层考核。

4.正确考核公路工程施工项目的竣工成本

公路工程施工项目的竣工成本，是在工程竣工和工程款结算的基础上编制的，它是竣工成本的考核依据。竣工成本是在工程竣工和工程款结算的基础上编制的，是能够反映工程全貌而又正确的项目成本。

5.公路工程施工项目成本奖罚

公路工程施工项目的成本考核，如上所述可分为月度考核、阶段考核和竣工考核三种。对完成情况的经济奖罚，也应分别在上述三种成本考核的基础上立即兑现。不能只考核不奖罚，或者考核后拖了很久才奖罚。

公路工程施工项目成本奖惩的标准应通过经济合同的形式明确规定。此外，单位领导和项目经理还可对完成项目成本目标有突出贡献的部门、施工队、班组和个人进行随机奖励。这种奖励形式往往能够在短期内大大提高职工的积极性。

综上所述，公路工程施工项目成本管理系统中的每一个环节都是相互联系和相互作用的。成本预测是成本计划的前提，成本计划是成本目标的具体化，成本控制则是对成本计划的实施进行监督的手段，以保证成本目标实现，而成本核算又是对成本计划是否实现的最后检验，它所提供的成本信息又是下一个施工项目进行成本预测和决策的基础资料，成本考核则是实现成本目标责任制的保证和实现决策目标的重要手段。

第四节　公路工程施工项目成本管理实例——公路工程机械化施工成本管理

一、公路工程机械化施工成本的概念及构成特点

（一）公路工程机械化施工成本的概念

1.公路工程机械化施工

公路工程机械化施工是指在工程施工中，根据工程状况选择相适应的组合机械，进行的自动化或半自动化施工，其目的是减轻人工劳动的强度、提高施工质量和效率。公路施工机械主要包括挖掘机械、运输机械、路面摊铺压实机械、搅拌机械等。随着施工技术的不断发展，施工机械的多样化和复杂化更加明显。

2.公路工程机械化施工成本

公路工程机械化施工成本是指工程施工使用施工机械所产生各种费用的总和，根据前文理论，公路工程机械化施工成本主要由直接费用、间接费用及税金等三个方面构成。

（1）直接费用

直接费用又分成机械使用费、人工费、材料费和其他直接费用。机械使用费是指施工过程中自有、租赁等机械设备的使用、租赁费用，以及在使用过程中的拆卸和安装、运输费用等；人工费则包括在施工中进行操作和辅助施工的人员的基本工资、福利、津贴、奖金等费用；材料费是施工中各种消耗的建筑材料、机械配件、辅料以及设备购置等费用等；其他直接费用包括施工中因天气、计划安排的变动、外界干扰等意外影响造成的费用。在公路工程机械化施工成本中，直接费用大约占到施工总费用的80%，是施工成本的主要部分。

（2）间接费用

间接费用包括施工管理费用和其他间接费用。施工管理费用是施工中管理人员和服务人员的工资支出、办公消耗、差旅费、工具消耗、试验检验费用以及固定资产使用费等。

（3）税金

税金是指按国家规定应计入工程造价内的营业税、城市建设维护税及教育费附加。

（二）公路工程机械化施工成本构成特点

在公路工程机械化施工的成本构成中，税金是按照国家规定按比例提取的费用，间接费也是根据施工单位管理水平按比例提取的，这两者的费用构成在施工过程中可控制的空间非常小，基本是固定的费用额度。在直接费用中的材料费、机械使用费、人工费和管理费所占比例分别为55%~65%、25%~35%、10%~15%。材料费虽然占比最大，但是由于物料价格和施工质量要求的控制，对物料费的控制空间并不大，过分地追求物料费控制还会影响施工质量。人工费和管理费所占费用比重较少，而机械使用费则随着机械化程度的不断提高，其费用比重越来越大，并且在设备的使用配型和数量配置上的费用可变性较大。这些可变因素，如设备的使用效率、设备的能耗与功效比、不同施工环境与设备的适应性等，直接影响到施工效率和施工成本。所以，公路工程机械化施工成本管理的主要工作就是机械使用费的管理。

二、公路工程机械化施工成本管理内容及方法

（一）公路工程机械化施工成本管理的基本内容

在公路工程机械化施工过程中，人、机、物的变化是成本变化的具体表现。所以，在确保工程质量和确定合理的施工技术方案的前提下，参与建设的施工单位应主要从三个方面着手管理公路的施工成本：机械设备使用费的管理；施工原材料成本的管理；人工费、现场施工管理费的管理。

1.机械设备使用费的管理

机械设备使用费的管理是一种需要在机械设备的使用中加强监督、检查和指导，随时调整使用偏差，控制使用成本，以保证实现成本目标的成本管理方法。这是一种动态的管理方法，因为机械设备的使用是施工中的动态管理环节，在施工前和施工后都无利于机械设备使用费的控制，只有在施工过程中合理利用机械设备，才能够降低机械设备的使用成本。

在公路施工中，机械设备使用费用包括：设备的折旧费或者租赁费、设备的能耗费和设备的维修保养费。折旧费与设备投入设备数量、使用时间、设备规模系数有关；能耗费，是指在设备运转时消耗的电、油、煤等的能源费，它与能耗时间、能耗价格系数有关；维修保养费与施工时间、投入数量、设备规模系数以及能耗价格系数有关。降低设备费用的最佳途径是缩短施工时间（即工期）、减少投入数量、降低能耗价格，同时还要在确保施工质量与安全的前提下，减少设备投入规模。

在公路工程机械化施工中的设备费用控制中，需要根据工程进度、质量要求和安全保障三个方面来管理机械设备的使用费用，不能盲目减少设备数量或者降低设备规模而影响工期和施工安全，甚至是影响施工质量。因此，合理、恰当地调度施工机械才是控制施工设备使用费的有效措施。在设备使用效率控制过程中，可以根据施工环境与天气变化来推算有效工作日，合理确定投入的施工机械总量，对施工机械的种类合理搭配。在保证质量的前提下，控制投入的设备数量和设备规模，并提高施工机械的效率，加快施工进度，才能降低施工机械成本。

施工中的机械设备使用费往往因为施工预算费用的滞后性，要低于实际发生的使用费用，可以采取机械补贴费用来平衡支出。

综上，机械设备使用费的管理工作应从以下几个方面着手：①加强机械的合理平衡调度，充分提高设备的利用率；②合理配备和正确使用机械设备，提高施工质量和机械效率。③做好机械设备的维护保养工作，降低设备维修费。

2.施工原材料成本的管理

施工原材料成本的管理，主要包括物料消耗的管理与物料价格的管理两项内容，具体管理措施如下。

一是物料消耗的管理，需要根据施工进度和工程量确定不同工期使用的材料，分期购置，避免一次性购进造成保管混乱和使用浪费，同时又能减少成本资金占用；另外，还需建立材料的使用管理制度，合理安排材料的存放区域。

二是物料价格的管理，需要按照定额量价分离的方法控制采购成本，按照不同地区、不同时段的物料价格指数拟定采购指导价，发挥量大优势，采用比价采购管理方法，灵活、分批购进物料。同时，还要做好采购审批管理和质量把关工作。除此之外，还应切近市场掌握准确的采购信息，随着市场价格的变动控制采购，按照实际成本预算采购数量。

3.人工费、现场施工管理费的管理

人工费的管理。公路施工中的人工费管理是一项非常复杂的管理工作，由于施工场地广、施工人员流动性大，在人员定额、考勤、劳动效率等方面的管理就显得非常复杂，因此人工费的管理不仅需要加强对施工人员数量的控制，还需要与施工队之间签订灵活的费用补贴协议，列出一部分奖励基金，激励其自主控制人工费用支出。同时还要采取施工技术优化策略，以此提高施工人员的劳动效率，降低人工费支出。

现场施工管理费的管理。现场施工管理费在公路工程成本中占用的比例较大，也是最容易超出指标的部分，施工单位需要采取切实可行的自律机制控制该项费用的支出。首先，要精简内设机构数量，管理部门招待费用和其他开支。其次，要加强工程施工分包合同管理工作，以预算金额管理发包合同，其他分项管理工作如门窗、混凝土构件、金属构件等加工以及土方、打桩、装饰、安装等工程，需要采取合理的进度与不同的经营方式，如承包、租赁等方式，以有效降低管理费用。

鉴于公路施工的特点，机械化施工成本管理工作需要遵循的原则如下：正确处理机械维修工作和施工进度的关系，以突出机械化施工机械的优势；处理好设备配件的消耗与机械设备购置、租赁等使用方式的关系，降低设备投入成本；采取科学合理的施工工艺和施工技术，提高设备的利用效率。

（二）公路工程机械化施工成本管理方法

通过合理控制计划进度，增加作业时间和协调作业资源的方法提高作业效率。

通过控制施工质量，减少返工和设计变更等成本浪费。

进行科学的施工前准备，包括合同的签订、物料采购的价格周期把握、施工机械的选择等。

三、公路工程机械化施工成本管理的流程及难点

（一）公路工程机械化施工成本管理的流程

1. 编制施工前的成本计划

包括施工机械的选择和配置，根据土石方、运距、土质等因素确定施工机械类型和数量，以及相关配套设备的组合等，实现设备配置最优化，以利于机械使用费成本控制。

2. 机械化施工成本的过程监督

例如，设备购置、租赁方式的选择，购置成本控制，设备配置数量的费用优化审核，费用的支付、审计等。

3. 施工监理

对施工过程中设备使用情况和施工进度、质量等进行现场监理，确保按照计划要求实现质量、进度、费用控制的合理进行，减少因延缓、返工等造成的成本流失。

4. 成本的诊断分析

在施工过程中密切关注费用超支情况，进行必要的分析研判，从技术、质量、进度等各个方面进行成本综合优化，及时纠正成本支出趋势。

（二）公路工程机械化施工成本管理的难点

由于管理措施不到位，大部分施工单位存在浪费施工机械资源的现象。这与公路施工的特点有直接关系，比如点多线长、人员调动频繁的特点使得机械管理工作无法有效地进行。同时还存在机械操作人员配备不足，机械管理的制度不完善等问题，这些问题直接影响到机械化施工的成本管理。

施工单位对机械设备的管理不够重视，导致机械操作人员的操作水平较低。施工单

位不重视对机械设备的管理,也忽视了对机械操作人员的培训和管理,导致机械操作人员的技术水平低下,甚至出现了无证上岗的现象。技术水平低的操作人员很难使机械设备发挥正常功效。施工单位对机械设备的管理不够重视,还会导致机械设备缺乏必要的保养和维护,设备的故障隐患不能及时消除,设备的磨损得不到及时维护,在施工过程中就会出现设备故障和施工效率低下,影响施工进度和施工质量,而且还会缩短设备的使用寿命,增加机械设备的支出。

四、公路工程机械化施工成本管理存在的问题及优化策略

(一)公路工程机械化施工成本的主要影响因素

公路工程机械化施工成本中的机械成本要素包括:固定资产占用费、折旧费、管理费等施工机械的不变成本;机械动力燃料费、机械消耗修理费、设备转入转出费、润滑材料费、设备安装调试费等施工机械可变成本。这两项成本是机械化施工成本的主要组成部分,是在成本分析中需要重点掌控的成本因素。公路施工的周期长、范围广,施工机械和施工材料多,因此施工过程中影响施工成本的因素也多种多样。对于机械化施工的机械使用成本的影响因素主要包括以下方面。

1. 设备完好程度

设备在使用过程中的故障率和停台误工是影响设备使用成本的一个主要方面,因此设备的完好程度是影响机械使用成本的主要因素。

2. 设备使用效率

设备使用效率受多方面的因素影响,例如:设备配置不合理,如挖掘机台数少而装载机台数多,造成施工窝工;设备选型不合适,如选用大型摊铺设备或压路设备在施工工作面较小的区域作业,降低了机械施工效率;小型运输车辆的远距离运输;机械操作人员的熟练程度;施工安排;现场环境;施工机械燃料或电价波动;等等。

(二)公路工程机械化施工成本管理存在的问题

成本管理对于任何一家企业来说,都是一项基本的管理工作。由于长期以来的体制因素,我国公路施工单位缺乏自主经营和自我约束,成本管理的观念薄弱,尚不能完全

适应当今的复杂环境。其施工成本管理存在的问题主要表现在以下几个方面。

1. 成本管理的意识薄弱

公路施工中由于工期长、施工场地复杂，前期准备工作不充分，在施工中就会出现材料管理乱、组织计划不合理、资源浪费等很多问题，施工进度管理和质量管理就难以得到保证，造成生产浪费，这种成本管理意识的薄弱，是与市场脱节的表现。

2. 缺乏管理机制

对成本的管理缺乏足够的激励机制，没有对超值成本进行科学分析，管理考核制度不严，浪费严重，这主要就是因为没有形成系统的管理制度和责任体系。

3. 成本管理缺乏全程控制意识

企业成本管理中过分注重单项成本管理，片面追求低成本，而对于施工准备、工程施工过程、竣工验收阶段、回访保修等过程的费用控制，缺乏全局的认识和全过程的控制，不能实现部门之间和分项之间的整体结合考虑费用控制。如施工技术落后、质量事故预控不到位、成本控制分析不彻底等，使得成本管理水平很难得到提升。

4. 忽视外部环境的影响

公路施工工程依赖于外部市场的变化与控制，无论是政治形势的变化还是经济形势的变化，都会对其造成一定影响。结合这些因素控制成本管理，会取得显著的经济效益。

5. 缺乏成本动态分析

片面考虑人工、物料和机械费用，很少考虑对工期、质量、安全、人力资源、采购成本的严格管理，忽视了诸多隐性成本的发生。

6. 缺乏科学有效的成本管理方法

在成本核算和成本管理上的一些现代化成本管理分析方法的应用较少，不能形成有效的改进措施。

（三）公路工程机械化施工成本管理的难点及优化策略

针对以上问题，需要对施工中的机械设备进行优化管理，以降低施工成本。

1. 建立健全管理制度，提高工作业人员技术水平

建立健全公路工程机械化施工的管理制度，促进施工作业人员技术水平的提高。规章制度是公路工程机械化施工的基础，完善的制度体系也是公路工程机械化施工的保障。机械化施工的管理需要综合考虑施工机械的性能和施工要求，制定合理的管理制度，

明确管理责任，对作业人员加强技术培训，使其不断提高操作水平。

2.提高机械设备的保养水平，延长设备的使用寿命

机械设备在使用过程中，随着使用时间的增加，其磨损度和故障率不断提高，这就需要增加维修成本，同时缩短了设备的使用寿命。因此，及时、合理的保养，是降低设备的故障率，延长设备使用寿命的保障，不仅能够提高设备的作业效率，还能提高施工质量，减少因设备维修延误工期的现象，从而降低施工成本。

3.合理选择配套设备

由于施工质量和工程要求的不同，需要不同的施工机械。但是施工机械的性能不一样，要想合理选择配套设备，必须了解选择施工机械的依据和遵循一定的原则。

在选择施工机械时，主要依据施工进度和工程量。例如，根据工程质量的要求和工程量的需要，在大型工程中，一般采用大型施工机械，这样可以提高施工效率和降低施工成本；而小型工程则一般配置中小型施工机械。除此之外，还要根据施工场地和施工环境合理选用施工机械。比如：在交通不便的施工区域和桥梁承载能力有限的施工区域，要适当地调整施工机械配置；在高原地区施工还要尽可能地配置柴油机械以满足当地施工条件。

选择施工机械的原则如下。

（1）与作业条件和施工内容的适应性

施工机械与施工条件、作业内容的适应性，是满足建设项目实际需要的前提条件。如施工机械需满足施工作业场地、土质、气候、运输距离、工程质量的要求等，同时机械的作业能力还需满足工程进度和工程量的要求，但也要避免设备闲置的现象。相关施工单位可以采用购置、租赁等多种形式，尽量选择最适合公路建设项目的施工机械。

（2）机械设备施工技术的先进性

机械化施工的目的就是提高施工效率和施工质量，而机械设备施工技术的先进性，是保证施工效率和施工质量的前提。施工技术的先进性是指机械设备的性能稳定优越、施工效果安全可靠、耗能低、效率高。机械设备除要具备先进性，还要具有良好的性价比，只有这样才能够取得较高的经济效益。

（3）施工机械的经济性

施工机械的经济性主要与机械的固定资产消耗和利用率有关，前者与施工机械的投资成正比，后者与完成的工程量成正比。大型机械虽一次投资大，但能完成较大的工程量。选择机械时，必须权衡工程量与机械费用的关系，同时还要考虑机械的先进性和可

靠性，以此提高施工效率。

（4）施工机械的安全性

在工程施工中，机械应具有可靠的安全性能，如行驶稳定，有翻车或落体保护装置，防尘隔音，危险施工项目可遥控作业等。此外，在保证施工人员、设备安全的同时，应注意保护自然环境。施工现场及其附近已有的其他建筑设施，不应因采用机械施工而受到破坏或质量降低。

（5）施工机械的通用性和专用性

在选择施工机械时，除了对于有特殊作业需求的项目需选择专用性机械，其他项目尽可能选择多功能、通用性机械，实现施工机械的一机多用，扩大适用范围，便于维修管理。但是，在作业量较大的区域选择单一功能的大型机械是保障施工进度的合理措施。

4.编制合理的公路工程机械化施工的组织设计

机械化施工组织设计是在工程项目开展前，为了确保施工机械水平的充分发挥制订的组织管理方案。其主要内容包括：在机械性能和作业标准的基础上确定施工机械的不同用途；适应于不同施工内容的机械管理方案，即机械设备的最佳组合方案；施工场地的固定规划；机械轮班作业计划；机械设备的定期维护保养计划。

5.通过质量管理，控制质量成本

控制质量成本是机械化施工成本管理的有效措施。质量成本是指为了保证工程质量而投入的一切费用总和，它包括故障成本和控制成本两个方面。故障成本是指在发生质量事故时的损失，以及为了弥补损失和纠正质量偏差增加的成本。控制成本则是指在日常质量管理中的投入成本，它还包括鉴定成本和预防成本。控制成本与施工质量水平成正比，与故障成本成反比。

6.推行标准化现场管理，减少管理漏洞

标准化现场管理是提高施工单位管理水平的基础条件，通过对施工现场的管理不仅能够保障材料和机械合理使用，还能减少二次搬运等施工浪费，提高工作效率，避免成本浪费，如钢模板、脚手架等乱放造成的财产损失，运输设备对现场物料的损坏，施工设备受潮无法使用，水泥等材料受潮报废等。

另外，标准化现场管理还有利于施工现场的安全管理，给施工安全、设备安全、人身安全带来保障，由此减少损失，控制成本。定期开展成本管理的"三同步"核算（即业务核算、统计核算、会计核算），及时查明成本管理中的异常情况，对于不合理的管理及时采取纠正措施，提高成本管理的效率。还可采用成本分析表法来管理项目成本。

成本分析表法是进行成本管理的主要方法，成本分析表包括月度成本分析表与最终成本控制报告表。

综上所述，公路工程机械化施工成本管理的优化策略有很多，施工单位在进行机械化施工成本管理时，要充分结合各分项管理工作，如施工任务单管理、限额领料单管理、计划管理、合同预算管理等，综合提高业务管理水平，实现公路施工机械化成本管理的目的，提高经济效益。

参 考 文 献

[1] 程新喜，王生国.公路工程建设理论与实践[M].合肥：合肥工业大学出版社，2005.

[2] 高峰，张求书.公路施工组织与管理[M].北京：北京理工大学出版社，2009.

[3] 高雅青，李三喜.工程项目常见问题与防治案例分析[M].北京：中国时代经济出版社，2017.

[4] 侯龙文，邓明政.房地产·建筑作业责任成本管理与作业责任会计[M].北京：中国建材工业出版社，2018.

[5] 靳明.获新高速公路建设管理研究[M].郑州：河南人民出版社，2008.

[6] 李忻忻，赵之仲，张弛，等.公路工程施工项目管理及优化[M].徐州：中国矿业大学出版社，2014.

[7] 刘磊.土木工程概论[M].成都：电子科技大学出版社，2016.

[8] 刘绍宁，李毅.公路工程技术探讨与施工实施[M].郑州：河南科学技术出版社，2006.

[9] 刘新杰，任贵明，尚书清.公路建设管理与施工技术文集[M].北京：人民交通出版社，2004.

[10] 马乐，沈建平，冯成志.水利经济与路桥项目投资研究[M].郑州：黄河水利出版社，2019.

[11] 毛洪涛.工程项目成本控制问题研究：中国国有大型铁路施工企业的实地研究[M].大连：东北财经大学出版社，2011.

[12] 彭澎.高速公路工程质量通病处治手册[M].长沙：湖南科学技术出版社，2006.

[13] 彭效援.最新公路与桥梁工程一级施工实用技术与管理：第2卷[M].长春：吉林人民出版社，2001.

[14] 石洪波.公路交通发展研究文集[M].西安：陕西科学技术出版社，2008.

[15] 史建峰，陆总兵，李诚.公路工程与项目管理[M].北京：九州出版社，2017.

[16] 王琨，庄传仪，刘晓红，等.公路工程经济分析与成本管理[M].徐州：中国矿业大学出版社，2014.

[17] 王秀敏，葛宁，韩漪.公路工程施工组织与管理[M].天津：天津大学出版社，2018.

[18] 吴波.隧道施工安全风险管理研究与实务[M].北京：中国铁道出版社，2010.

[19] 吴雅洁.高速公路运营期成本管理与控制[M].北京：知识产权出版社，2013.

[20] 郗恩崇.高速公路管理学[M].北京：人民交通出版社，2001.

[21] 杨琦.公路建设管理知识百问[M].北京：人民交通出版社，2003.

[22] 郁清玲.公路改造工程施工手册[M].哈尔滨：哈尔滨地图出版社，2003.

[23] 张毅.工程项目建设程序[M].2版.北京：中国建筑工业出版社，2018.

[24] 张振明.公路技术与交通管理[M].石家庄：河北人民出版社，2008.

[25] 赵雯霞，覃先锋.公路工程技术手册：上卷[M].北京：中科多媒体电子出版社，2003.

[26] 赵志强，朱效荣，陆总兵.混凝土生产工艺与质量控制[M].北京：中国建材工业出版社，2017.